广西壮族自治区哲学社会科学规划2015年研究课题最终成果

ZHONGGUO YU DONGMENG DILI BIAOZHI
FALU ZHIDU BIJIAO YANJIU

中国与东盟地理标志法律制度比较研究

贾引狮 宋志国◎著

知识产权出版社

全国百佳图书出版单位

图书在版编目（CIP）数据

中国与东盟地理标志法律制度比较研究/贾引狮，宋志国著. —北京：知识产权出版社，2017.10

ISBN 978-7-5130-4937-5

Ⅰ.①中… Ⅱ.①贾…②宋… Ⅲ.①地理—标志—司法制度—对比研究—中国、东南亚国家联盟 Ⅳ.①D922.174②D933.217

中国版本图书馆 CIP 数据核字（2017）第 127027 号

责任编辑：牛洁颖		责任校对：王　岩	
文字编辑：张大成		责任出版：刘译文	

中国与东盟地理标志法律制度比较研究

贾引狮　宋志国　著

出版发行：知识产权出版社有限责任公司	网　　址：http://www.ipph.cn
社　　址：北京市海淀区气象路 50 号院	邮　　编：100081
责编电话：010-82000860 转 8109	责编邮箱：niujieying@sina.com
发行电话：010-82000860 转 8101/8102	发行传真：010-82000893/82005070/82000270
印　　刷：三河市国英印务有限公司	经　　销：各大网上书店、新华书店及相关专业书店
开　　本：787mm×1092mm　1/16	印　　张：13.25
版　　次：2017 年 10 月第 1 版	印　　次：2017 年 10 月第 1 次印刷
字　　数：204 千字	定　　价：45.00 元

ISBN 978-7-5130-4937-5

目　录

第一章　导　论 / 1

　　第一节　地理标志概念的历史演变 / 3

　　第二节　地理标志国际保护制度的形成和发展 / 8

　　第三节　中国—东盟地理标志法律制度比较研究的意义 / 16

第二章　中国地理标志法律制度概述 / 21

　　第一节　中国地理标志的商标法保护制度 / 23

　　第二节　中国地理标志产品保护制度 / 41

　　第三节　中国地理标志的农产品地理标志保护制度 / 51

　　第四节　中国地理标志不同保护制度的比较分析及评价 / 61

第三章　东盟各国地理标志法律制度概述 / 67

　　第一节　老东盟六国的地理标志保护制度研究 / 69

　　第二节　新东盟四国的地理标志保护制度研究 / 111

第四章　中国—东盟地理标志法律制度的比较 / 135

　　第一节　中国—东盟地理标志保护的实体法律制度比较 / 137

　　第二节　中国—东盟地理标志保护中的程序法律制度比较研究 / 148

　　第三节　双方对他国地理标志保护的比较研究 / 157

第五章　东盟整体在推进地理标志保护方面的问题研究 / 169

　　第一节　东盟整体推进地理标志保护概述 / 171

　　第二节　东盟整体推进地理标志保护过程中遇到的问题分析 / 174

第六章　中国—东盟地理标志法律制度协调研究 / 181

第一节　中国—东盟地理标志法律协调的必要性 / 183

第二节　中国—东盟地理标志法律制度协调应遵循的原则 / 185

第三节　中国—东盟地理标志法律制度协调的具体路径 / 188

参考文献 / 204

后　记 / 206

第一章

导论

第一节　地理标志概念的历史演变

有关地理标志国际保护的相关规范，最早见 1883 年缔结的《保护工业产权巴黎公约》（简称《巴黎公约》），但在该公约中并没有使用"地理标志"的概念和术语。通常认为，直到 WTO 框架下的 TRIPs 协议制定后，"地理标志"概念才首次出现在多边国际条约中。准确理解"地理标志"概念和演变轨迹，是研究地理标志国际制度的前提。

一、《巴黎公约》中的"货源标记"

1883 年缔结的《巴黎公约》中首次使用"货源标记"（indications of source）来保护地理标志，但在该协议中并未进行任何定义。根据 WIPO（世界知识产权组织）的解释，它是指用于标示产品或服务来源于某个国家、地区或特定地点的任何"标记"或"表达形式"（sign or expression）。[1]《巴黎公约》自 1883 年缔结至今，前后历经八次修改，其中与"产地标记"有关的修改有两次。第一次是 1925 年对公约第 1 条第 2 款的修改，增加了"原产地名称"，将其与"货源标记"并列，作为工业产权的保护对象。[2] 这说明"货源标记"已经无法容纳"原产地名称"了，但是当时的修改并没有明确界定"产地标记"与"原产地名称"两个概念之间的关系，给国际社会的认识造成了一定的障碍，也为国际社会中不同国家采取不同模式保护地理标志埋下了伏笔。第二次是 1958 年对公约第 10 条的修改。1958 年以前对"虚假使用原产地标记"与"一个虚假的厂商名称或带有欺诈意图"使用时，可以对该"虚伪标记"予以进口扣押，而 1958 年修改后删掉了"附加条件"，使得原产地标记摆脱了对厂商厂名的依赖，原产地标记取得了与商标等标记在法律上的平等地

---

[1] WIPO：WIPO Intellectual Property Handbook：Policy，Law and Use，WIPO Publication No. 489（E），WIPO 2001.

[2] 《巴黎公约》第 1 条第 2 款规定，工业产权的保护对象是专利、实用新型、工业外观设计、商标、服务商标、商号、货源标记或原产地名称以及制止不正当竞争。

位，成为独立的保护对象。❶

二、《制止商品来源的虚假或欺骗性标记的马德里协定》（简称《马德里协定》）中的"货源标记"

1890 年《马德里协定》中，将"货源标记"界定为"直接或间接地指示出某一个国家或该国的某个地方的标记"。❷ 但如果某个标记虽然是某个国家或该国某个地方的名称，但却已经演变成为某种商品的通用名称，则不再具有地理指示的作用，有关国家的法院或政府机构可以认定该标记不属于该协定保护的货源标记。❸ 这一规定表明，货源标记对货物来源的指示作用是基于消费者对"产地"与"标志"的关联，即真实存在的"产地"名称构成的标志并非都是货源标志，只有当使用该标志的产品被消费者认为是产自该标志所标示的产地时，才是货源标志。例如，"大理"是我国云南的一个城市，曾以生产白色带有黑色花纹的石灰岩而出名，但"大理石"却是代表一种有颜色花纹，用作建筑装饰材料的石灰岩，变成了某种石灰岩产品的通用名称，而不论其产地如何。

三、《保护原产地名称及其国际注册里斯本协定》（简称《里斯本协定》）中的"原产地名称"和"地理标志"

在 1958 年《里斯本协定》中首次对"原产地名称"进行了定义，❹该定义可从四个方面进行理解。

第一，原产地名称中的"原产地"具体表现为"一个国家、地区或

---

❶ 1958 年修改前的文字为："The stipulations of the preceding article shall be applicable to all goods which falsely bear as an indications of origin the name of a specified locality or country，when such indication is joined to a trade name of a fictitious character or used with fraudulent intention"，修改后的文字为"The provision of the preceding article shall apply in cases of direct or indirect use of a false indications of the source of the product or the identity of the producer，manufacturer of trade."即目前《巴黎公约》第 10 条第 1 款规定，"前条各款规定适用于直接或间接使用虚假的原产地标记，或生产者、制造者或商人身份的虚假标记。"

❷ 《马德里协定》第 1 条第 1 款规定，凡带有虚假或欺骗性标志的商品，其标志系将本协定所适用的一个国家或一国的某地直接或间接地标作原产国或原产地的，上述各国应在进口时予以扣押。

❸ 《马德里协定》第 1 条第 4 款规定，各国法院应确定由于其通用性质而不适用本协定条款的名称。

❹ 《里斯本协定》第 2 条第 1 款规定，原产地名称系指一个国家，地区或地方的地理名称，用于指示一项产品来源于该地，其质量或特征完全或主要取决于地理环境，包括自然因素和人为因素。

地方的地理所在"。"原产地"必须是一个具体的地理所在,其涵盖的范围可以大至一个国家,小至某个省、市、县、乡镇或村。而且"原产地名称不限于行政区划名称,自然地名、历史地名及其简称也可用于原产地名称"。❶ 当然,也有学者将文字之外的其他标志纳入"名称"的范围,如将"长城"作为中国的标志,但是在该协定里还是用"geographical name"表明"地名",因此,将"appellations of origin"译为"原产地标志(记)"是不恰当的。❷

第二,原产地名称之"名称"与地理"名称"在中文表达上是相同的,但却具有不同的含义。原产地名称借助地理"名称",用于指代该地生产的并且具有该地独特地理环境决定的特定特性和质量的货物。因此一个地理上的"名称"要想成为原产地名称,不但需要达到一定的标准,在多数国家还需要经过一定的程序,属于国家授权而获得的知识产权类别。

第三,原产地名称作为产品的"称号",起着两种"指示性"的作用。一是该产品和产地具有紧密联系,表明了该产品的产地来源,即该产品是从哪个地方来的。二是该"称号"对产品的质量和其他特性有着指示性的作用,表明该产品与其他同类产品有着不一样的质量和特性。如天下"米粉"很多,但"桂林米粉"不但表明某种米粉和桂林有着地理来源上的联系,还表明该种米粉具有其他地域米粉所不具有的高质量和独特特性。

第四,原产地名称所指示的产品质量或特性,是由该产地的地理环境决定的,包括自然因素和人文因素。一种产品之所以能够以原产地获得命名,并不是因为该产品的质量有多高,其特性有多么与众不同,而是该产品的质量和特性是由该地的地理环境决定的。如果某个产品质量很好,但是与该地的地理环境没有多大关系,就不能获得原产地名称。如瑞士的制表业很发达,但其表类产品的质量和声誉,与该国厂商先进

---

❶ 张炳生:"TRIPs与原产地名称的法律保护",载《浙江学刊》2000年第2期。
❷ 董炳和:"地理标志的国际保护",载吴汉东主编,《知识产权国际保护制度研究》,知识产权出版社2007年版,第557页。

的技术和严格管理密不可分的，而不是与其地理环境密切相关，所以不能成为原产地名称。

2015 年《原产地名称和地理标志里斯本协定》（即《里斯本协议》的日内瓦文本）中，对原产地名称和地理标志重新进行了定义。与 1958 年的最初文本和 1967 年的斯德哥尔摩文本相比，主要有以下方面改变。

第一，对原产地名称概念进行了调整。增加了"产品获得声誉"的文字性说明。❶

第二，对地理标志也进行了定义。❷ 由于该协定文本是在 WIPO 的主持下达成的，且已经有了 TRIPs 协议对地理标志的定义，所以该文本的定义主要参考了 TRIPs 协议的定义，并参照《里斯本协定》对原产地名称的定义。更多的是两个文件的融合，使得《里斯本协定》可以吸引更多的国家参与。

四、TRIPs 协议中的"地理标志"

1993 年通过的《与贸易有关的知识产权协定》（简称 TRIPs 协议）中首次使用了地理标志（geographical indications），并对其进行了定义，❸ 该定义可从以下三个方面进行理解。

第一，地理标志是一种"标志"，与《里斯本协定》中的原产地名称定义的"地理名称"不同。任何"标志"如果能够指向特定的国家、地区或地方，该"标志"都可以成为地理标志的组成部分，如此地理标志既包括直接由地理名称构成的地理标志，如"大吉岭"茶叶、"沙捞越"辣椒；也包括具有指示性作用的自然、人文景观的名称，标志性建筑和

❶ 《里斯本协定》日内瓦文本第 2 条第 1 款第（i）项规定，在原属缔约方受到保护的任何由某一地理区域的地名构成或包含该地名的名称，或众所周知的指称该地理区域的另一名称，此种名称用于识别来源于该地理区域的产品，此种产品的特定质量、声誉或其他特性完全或主要归因于其地理环境，包括自然因素和人为因素，从而使产品获得其声誉。

❷ 《里斯本协定》日内瓦文本第 2 条第 1 款第（ii）项规定，在原属缔约方受到保护的任何由某一地理区域的地名构成或包含该地名的标志，或众所周知的指称该地理区域的另一标志，此种标志用于识别来源于该地理区域的产品，此种产品的特定质量、声誉或其他特性主要归因于其地理来源。

❸ TRIPs 协议第 22 条第 1 款规定，为本协定目的，地理标志是指识别货物原产自一成员方境内或其境内的一个地区或地方的标志，货物的特定质量、声誉或其他特性实质性地取决于其地理原产地。

图案等，如用吴哥窟的图案代表产品来自柬埔寨，用埃菲尔铁塔表明产品来自法国等。当然，如果某些地理标志产品已经退化为产品通用名称，不再具有地理指示作用，则应该排除在地理标志范围之外。

第二，地理标志不但指示出货物的产地，而且指示出货物"特定质量、声誉或其他特征"。如"THAI HOM NALI RICE"（泰国茉莉香米）地理标志，是来自于泰国北部及东北部部分地区种植加工的泰国香米，其特定质量和特征为：碎米率不低于 92％，口感绵软、香气宜人、富含多种营养素。在泰国只有 RD 15 和 Hom Mali 105 两个品种的大米才可以冠之"茉莉香米"，堪称米中贵族。这意味着，地理标志与原产地名称一样，具有质量或其他特征"指示器"的功能，这也是地理标志与货源标志的根本区别。同时，地理标志还表明了某产品的"声誉"，而《里斯本协定》中的原产地名称则无此规定。

第三，地理标志所表明的产品特定质量、声誉或其他特性与其地理原产地，是被"实质性"决定的关系。从法律保护的角度看，地理标志有指示货物产地对货物质量、声誉或其他特性的决定作用。如"THAI HOM MALI RICE"（泰国茉莉香米）只种植于泰国东北部玫瑰花平原，这里生态环境优美，天蓝、地绿、水源洁净，且气候适宜，太阳辐射充裕，全年月均温度维持在 22～25℃，非常适合大米的生长。

综上所述，"地理标志"的概念与"货源标记""原产地名称"有着历史传承的关系，并在不断的发展过程中，"地理标志"被赋予了更多的内涵，它不仅指示某个产品的来源地，还表明了该产品特定的质量、其他特征和声誉，并揭示了特定质量与产地之间的"实质性"联系。"地理标志"概念的提出和不断完善，不但给准备建立地理标志保护制度的国家提供了范本，而且给传统上使用原产地名称概念并建立起相关立法的国家（典型代表是法国）如何实施 TRIPs 协议提供了较大的空间，同时也给不同国家建立地理标志协调机制奠定了基础。

第二节　地理标志国际保护制度的形成和发展

一、《巴黎公约》对地理标志的保护概述

早在 1883 年《巴黎公约》缔结之前，地理标志已经受到某些国家国内法律制度的保护，但早期的地理标志保护是"零散"的。1883 年《巴黎公约》的缔结，货源标志作为工业产权的保护对象首次写入了国际公约。其后随着《巴黎公约》的八次修改，地理标志保护的范围越来越广，保护力度也越来越高，如在 1925 年将"货源标志或原产地名称"一并列入知识产权的保护范围之中；在 1958 年的里斯本会议上，将"只有当虚假的货源标志与一个虚构的或带有欺诈意图而使用的厂商名称一起使用"这一"附加条件"删除。

同时，在《巴黎公约》中，还确立了包括地理标志在内的知识产权国际保护国民待遇原则。❶ 国民待遇原则的确立，解决了本国对他国地理标志的保护问题，使某个成员国的地理标志可以在其他成员国内享受该国对其本国地理标志所提供的法律保护，这对于各国开展和扩大农副产品贸易提供了法律上的保障。

另外，《巴黎公约》首次规定了保护地理标志的行政措施，即可以对虚假标识的货物采取边境措施，进行扣押或没收，并在第 10 条第 2 款规定了提起行政措施的当事人。❷ 仔细分析该款当事人的范围，可以得出以下两点：一是该条保护的是生产者、制造者和商人，说明"货源标志"的保护所带来的利益不能为产地的生产者独占，而是该产地产品的产业利益相关者，这也说明知识产权更多的是一种禁止权，而不是独占权，

---

❶ 《巴黎公约》第 2 条规定，本联盟国家的国民在保护工业产权方面，在本联盟所有其他国家内应该享有各该国法律现在授予或今后授予其国民的各种利益，但不得损害本公约特别规定的各项权利。

❷ 《巴黎公约》第 10 条第 2 款规定，凡从事此项商品的生产、制造或销售的生产者，制造者或商人，无论为自然人或法人，其营业所设在被虚假标为商品货源的地方、该地所在的国家，或在虚假标示的国家，或在使用该虚假货源标记的国家者，无论如何均应视为有关当事人。

"货源标志"的保护主要是"禁止"他人使用虚假货源标志，而不是规定谁应该独占使用货源标志；二是该条当事人的范围没有包括消费者，而是以竞争者为对象。

虽然《巴黎公约》对货源标志的保护多从禁止性的规定入手，没有对地理标志进行系统的保护，更多的是从经济法的角度将其列入"反对不正当竞争"的保护类型中，并不是从私法的角度对地理标志权利人的权利和义务进行规定。但《巴黎公约》是国际社会对地理标志保护迈出的第一步，是对商标、专利、地理标志等知识产权进行保护的基础性国际条约。世界各国积极加入该条约，截至 2015 年年底，该条约的成员国已达 175 个，《巴黎公约》对国际地理标志保护的意义可见一斑。

二、《马德里协定》对地理标志的保护概述

与《巴黎公约》相比，《马德里协定》提高了地理标志的国际保护水平，主要表现在以下方面。

第一，扩大了地理标志的保护范围。除删除了《巴黎公约》第 10 条的附加条件外，还增加了禁止误导性货源标记的使用，这在协定本身的名称和第一条就有所体现。而《巴黎公约》虽经多次修订，但到目前为止，保护范围显然仍不包括误导性货源标志。

第二，保护措施更有保障。因为按照《巴黎公约》第 9 条第 6 款的规定，❶ 如果该国缺乏其国民可用的诉讼和救济手段，且该国法律既不允许禁止在任何环节扣押，也不禁止进口，那么公约第 10 条规定的保护就难以真正落实。虽然《马德里协定》的第 1 条第 4 款与《巴黎公约》第 9 条第 6 款规定别无二致，但是在第 1 条第 5 款增加了新的保护措施，即"适用商标和商号有关法律中所规定的处罚措施"。❷ 如此，就在货源标志的保护措施中增加了与商标和商号有关法律中的处罚措施，极大地

---

❶ 《巴黎公约》第 9 条第 6 款规定，如果一国法律既不准许在输入时扣押，也不准许禁止输入或在国内扣押，则在法律作出相应修改以前，应代之以该国国民在此种情况下按该国法律可以采取的诉讼和救济手段。

❷ 《马德里协定》第 1 条第 5 款规定，如果对制止虚假或欺骗性产地标志未设专门的制裁，则应适用有关商标或厂商名称的法律条款规定的制裁。

提高了货源标志的保护力度，也给缺乏地理标志保护措施相关法律的国家提供了可资借鉴的方法。

第三，增加了禁止使用具有广告性质并且使公众误认商品来源的标志。《马德里协定》第 3 条第 2 款中的规定，❶看起来延长了货源标志的保护阶段，实际上提高了货源标记的保护力度，"陈列和推销商品、招牌、广告"中的禁止规定使得货源标记的保护提前至销售和许诺销售阶段，而"发票、葡萄酒单、商业信函或票据"的禁止规定则延伸至"后消费"阶段。

第四，规定的两项货源标志保护的例外，对于我们理解地理标志的权利范围有着重要的帮助。《马德里协定》第 4 条规定了"通用标志"的排除和葡萄酒原产地名称的不可保留性。❷从理论的角度看，该条对于我们理解地理标志权利人的权利范围有着启示性的作用。因为知识产权与其他的民事权利有一个重要的区别，就是知识产权更多的是一种"禁止权"，而非"自用权"，即在相关的知识产权法律中规定了权利人可以阻止他人的某些行为，以保护自己的合法权益；另外，知识产权法还在权利人可支配的范围内划出一些例外，以平衡知识产权权利人与社会公众的利益，如著作权制度中的"合理使用和法定许可"；再如专利制度中"强制许可、不视为专利侵权的情形"，商标法制度中的"非商标性使用、商标权用尽"等。《马德里协定》第 4 条的规定对于我们理解地理标志权利内容和具体观念的形成，无疑有着重要的帮助。当然，《马德里协定》是与《巴黎公约》一脉相承的，也是从经济法的角度对地理标志进行保护。当前很多国家和地区都对《马德里协定》非常重视，截至 2015 年年底，共有 84 个成员国加入该协定，对地理标志的保护提高到了新的高度。

---

❶《马德里协定》第 3 条第 2 款规定，适用本协定的国家也承诺，在销售、陈列和推销商品时，禁止在招牌、广告、发票、葡萄酒单、商业信函或票据以及其他任何商业信息传递中使用具有广告性质并且可能使公众误认商品来源的任何标志。

❷《马德里协定》第 4 条规定，各国法院应确定由于其通用性质而不适用本协定条款的名称。葡萄产品的地区性产地名称不在本条款特别保留之限。

三、《里斯本协定》对地理标志的保护

1958 年的《里斯本协定》首次对原产地名称进行了全面且具可操作性的规定。1967 年的斯德哥尔摩文本对协定的行政性条款进行了修改。2015 年 5 月，在 WIPO 的主持下，《里斯本协定》成员国在日内瓦通过了新的文本，即《原产地名称和地理标志里斯本协定》，标志着对地理标志和原产地名称的国际保护又迈上了一个新的台阶。

（一）《里斯本协定》对原产地名称的保护规定，标志着地理标志的国际保护制度已经进入了一个新的、更高的阶段

《里斯本协定》对原产地名称的保护，具体体现为以下几个方面。

第一，该协定规定了原产地名称保护的目的及要求，增加了对原产地名称进行"类""式""样"等的仿冒和假冒行为，即增加了对原产地名称的"搭便车"行为。❶

第二，该协定规定了原产地名称保护的基本手段，即国际注册。协定规定的原产地名称注册与商标的国际注册相似，如通过所在国的国际局办理注册；各国主管机构可以声明对某个通知注册的原产地名称不予注册，但必须是在一年期限内做出声明；且根据国际知识产权保护的"独立性"原则，某国对原产地名称的不予注册的声明，不影响该名称所有人在相关国家对原产地名称的其他形式的保护；❷ 尽管存在有关当事人对于原产地名称不予注册的声明，但不影响该权利人在其他国家享有的法律和行政补救措施；并给予第三方当事人以类似与商标"在先使用"的保护。

同时，我们应该看到，该协定对原产地名称的保护和国际社会对商标的保护还是有一定区别的。首先，许多国家对地理标志进行商标保护，

---

❶ 《里斯本协定》第 3 条规定，保护的内容旨在防止任何假冒和仿冒，即使标明的系产品真实来源或者使用翻译形式或附加"类""式""样""仿"字样或类似的名称。

❷ 《里斯本协定》第 5 条第 3 款规定，各国主管机关可以声明对通知注册的某个原产地名称不予保护。但是，该声明应说明理由，在收到注册通知之日起一年之内作出，并不得影响该名称所有人在有关国家依据第四条要求对原产地名称的其他形式的保护。

是以"集体商标"和"证明商标"予以注册的,个人是不能成为地理标志商标权利人的,但是在《里斯本协定》中自然人是可以成为其主体的。❶ 其次,虽然该协议给予第三方当事人类似"在先使用"的保护,但该保护对第三方是有期限的,且不能在期限结束后继续在原有范围内继续使用,这是和商标国际注册不一致的地方。❷ 最后,原产地名称一经注册,便没有有效期限的限制,这是和商标保护相区别的地方。❸

第三,该协定禁止原属国之外的他国将原属国作为原产地名称保护的对象"通用化"。❹ 该条实际上增加了协定成员国防止原产地名称的"通用化",从而增加了"显著性",使原产地名称可以在更广泛的区域内得到保护。

(二)《里斯本协定》日内瓦文本的签署,使得国际社会对原产地名称和地理标志的保护又有了新的发展

为了对其他国家和用户更有吸引力,吸引更多成员加入该体系,里斯本体系工作组于2008~2014年起草了用于外交会议谈判的基础文件,并于2015年5月在瑞士日内瓦通过,文件全称为《原产地名称和地理标志里斯本协定》(简称《里斯本协定》日内瓦文本)。该文本的签署,标志着国际社会对原产地名称和地理标志的保护迈上了新的台阶。

首先,日内瓦文本除了对原产地名称国际注册体系的修订之外,还批准了对地理标志(GI)进行国际注册。其次,扩大了参与协定的主体资格范围,即允许某些政府间组织加入《里斯本协定》,增加了国际社会的参与度。最后,日内瓦会议还就跨境原产地名称的保护进行了磋商。

---

❶ 《里斯本协定》第5条第1款规定,原产地名称的国际注册,应经特别联盟国家主管机关请求,以按照所在国法律已取得此种名称使用权的自然人或法人(国有或私营业企业)的名义,在国际局办理注册。

❷ 《里斯本协定》第5条第6款规定,根据国际注册通知,一个原产地名称已在一国家取得保护,如果该名称在通知前已为第三方当事人在该国使用,这个国家的主管部门有权给予该当事人在不超过两年的期限,结束其使用,条件是须在上述第三款规定的一年期限届满后三个月内通知国际局。

❸ 《里斯本协定》第7条第1款规定,根据第五条在国际局办理的注册,不经续展,在前条所指的整个期间受到保护。

❹ 《里斯本协定》第6条规定,根据第五条规定的程序,一个在特别联盟国家受到保护的原产地名称,只要在原属国作为原产地名称受到保护,就不能在该国视为已成为普通名称。

由于历史等原因，某些达到原产地名称保护的产品产地处于两个不同国家的情况，上述两国可以提出一份联合注册申请，并就申请必须提交的信息等遗留问题进行了磋商。跨境原产地名称的保护给中国—东盟间处理涉及跨境地理标志问题提供很好的示范意义。

当然，日内瓦文本仍有一些遗留问题尚待解决，如保护范围、费用条款、在先商标权的保障、在先使用未作为驳回理由提出时逐步停止的期限、防止成为通用标志等问题，这也给我们研究原产地名称与地理标志的国际保护等问题提出了具体的方向。且由于《里斯本协定》的成员国数量有限，❶ 还不能与《巴黎公约》和《马德里协定》的国际影响力相提并论，但该协定对于地理标志保护的研究者来说是非常重要的，必须加以重视。

四、TRIPs 协议对地理标志的保护概述

（一）TRIPs 协议对地理标志基本保护的相关规定

该协议在第 22 条第 1 款对地理标志进行定义后，在第 2～4 款规定了对地理标志的基本保护。主要体现在以下几个方面。

第一，缔约方应当提供法律手段为利益方保护其地理标志。❷ 首先，在该款（a）中，要求对地理来源的误导性行为进行阻止，该项的适用条件包括：一是该产品的名称或标识、说明等指示出了该产品的地理来源，二是这种指示或暗示存在误导公众的问题。这就说明，公众的认知在适用该项规定时起着很重要的作用。那么就存在着以下情形：某个地理标志本身是虚假的，但该产品的经营者已经用非常明显的方式标注出了

---

❶ 据公开资料统计，截至 2015 年 12 月 31 日，《里斯本协定》联盟的成员国共有 27 个：阿尔及西亚、保加利亚、波黑、布基纳法索、朝鲜、多哥、法国、哥斯达黎加、古巴、海地、格鲁吉亚、黑山、加蓬、捷克、罗马尼亚、秘鲁、摩尔多瓦、墨西哥、尼加拉瓜、葡萄牙、马其顿、塞尔维亚、斯洛伐克、突尼斯、伊朗、以色列、意大利。

❷ TRIPs 协议第 22 条第 2 款规定，关于地理标志，缔约方应该对利益方提供制止下列行为的法律手段：（a）在产品的名称或表述上采用任何方式或者暗示该产品是来源于一个并非真实原产地的地理区域，从而在该产品的地理来源方面误导公众；（b）任何根据巴黎公约（1967）第 10 条第（2）的规定构成不正当竞争的使用行为。

"真实原产地",从而也就不会给公众产生产品地理来源方面的误导性指示或暗示,那么该地理标志并不会因为本身虚假而被禁止。另外,如果该地理标志的地理指示性特征已经弱化或退化,变成一个"通用名称",也自然不存在"误导公众"的问题了。其次,在该款(b)项中,要求各成员方为地理标志利益方提供法律救济手段,以阻止地理标志范围内的不正当竞争行为。

第二,缔约方应在职权范围内,或者应利益方的请求,对"使用地理标志,使公众对其真实的原产地产生误解"的商标予以驳回或者宣告无效。❶这对于很多适用商标法模式保护地理标志的国家非常重要,这也有利于解决商标与地理标志这两种不同的知识产权权利冲突问题。

第三,协议还要求各成员方将上述规定适用于文字真实,但使公众"错误地认为该产品是在另一个地方生产"的行为。❷即各成员方要禁止文字真实但会使公众对"产品具体生产地"产生误导的行为。

(二)TRIPs协议对地理标志的补充保护

该协议第 23 条对葡萄酒和烈性酒的"补充"保护,实际上是为葡萄酒和烈性酒进行的"特别""额外"保护,是较一般商品地理标志之外的高水平保护。

首先,该协议第 23 条禁止将识别葡萄酒或烈性酒的地理标志用于非真实原产地的产品,同时禁止翻译后的使用,或伴有"型""系""类"或"仿"等类似用语的表述。❸这一款的规定不但禁止使用完全相同的

---

❶ TRIPs协议第 22 条第 3 款规定,当一个商标包含地理标志或者由这样的地理标志组成,但是使用该商标的产品却不是在所指示的地域生产时,如果在一个缔约方使用具有这样标记的商标将会使公众对该产品的真实来源地产生误导,则该缔约方应当在其立法允许的情况下依职权或者应利益方请求,拒绝该商标的注册或者宣告该商标的注册无效。

❷ TRIPs协议第 22 条第 4 款规定,本条上述诸款应适用于这样的地理标志,即该标志虽在文字上真实地指明该产品来源地的国名、地区或地点,但是却让公众错误地认为该产品是在另一个地方生产的。

❸ TRIPs协议第 23 条第 1 款规定,每一个缔约方应提供法律手段,为利益方能够禁止将识别葡萄酒的地理标志用于不是产于该地理标志所表明的地方的葡萄酒,或把识别烈性酒的地理标志用于不是产于该地理标志所表明的地方的烈性酒,即使对货物的真实原产地已有说明,或该地理标志是经翻译后使用的,或伴有"××型""××类""××式""仿制品"等字样。

虚假标志用于非原产地的葡萄酒和烈性酒，而且适用于翻译或添加之后的虚假标志。该款对葡萄酒或烈性酒的保护水平远高于第 22 条，主要的原因就是只要使用并非来源于该标志所指示地方的葡萄酒或烈性酒地理标志，且不需要对公众进行"误导"测试，大大减轻了相关利益方的举证责任。

其次，缔约方应在职权范围内（在立法允许的情况下），或者应利益方的请求，对"不是在所指示原产地生产的葡萄酒或烈性酒地理标志"的商标予以驳回或者宣告无效。这与第 22 条第 3 款规定基本一致，但从文字的角度来看，其严厉程度不及第 23 条第 1 款。

最后，该协定还要求各成员方对同名地理标志给予平等保护。❶ 当然，其适用前提是该地理标志应符合 TRIPs 协议的定义条款。

对葡萄酒和烈性酒的高水平保护，实际上是美国和欧盟两大地理标志阵营之间的妥协，美国以及众多南美国家主张给予所有地理标志以同等的保护水平，即都要以第 22 条的"误导"测试为基础；而欧盟等国则主张对所有地理标志以第 23 条的水平保护，即彻底废除"误导"测试，而且未来要建立类似于《里斯本协定》为样板的多边注册制度。最终博弈的结果是欧盟放弃了高水平的全面保护主张，美国则同意给予葡萄酒和烈性酒特别保护。

（三）国际谈判与例外的问题

TRIPs 协议第 24 条的内容规定了有关地理标志谈判、审议和例外等问题。要注意的几个问题是：第一，协议规定的地理标志谈判是为成员之间的"单个地理标志"进行的双边谈判，谈判的内容是有关葡萄酒和烈性酒的。❷ 其要解决的问题并非任何地理标志保护的问题，而是已在

---

❶ TRIPs 协议第 23 条第 3 款规定，按照上述第 22 条第 4 款的规定，在对葡萄酒采用同音异义或同形异义的地理标志时，应对每一种标记都提供保护。每一缔约方应考虑到确保对所涉及的制造者的平等待遇和不至于错误引导消费者的需要，确定关于这样的地理标志相互应有所区别的具体条件。

❷ TRIPs 协议第 24 条第 1 款规定，缔约方同意参加旨在根据第 23 条的规定加强对单独地理标记的保护的谈判。缔约方不得以下述第 4~8 款的规定为理由拒绝进行谈判或拒绝缔结双边或多边协议。在这样的谈判中，缔约方愿意考虑这些规定对单独的地理标记的持续可适用性，而这样的地理标记的使用是该谈判的主题。

某个成员中作为通用名称使用的烈性酒和葡萄酒的地理标志保护问题。第二，为了防止某些成员加入 TRIPs 协议后降低地理标志的保护水平，该协议第 24 条第 3 款特别规定，加入 WTO 协定不得降低在成员国已存在的地理标志保护，❶ 这一条款主要是防止加入《里斯本协定》的成员国降低保护水准。第三，规定了某些地理标志保护的例外，主要包括 TRIPs 协议签署之日前已连续使用 10 年以上的地理标志，或在此日前善意使用葡萄酒或烈性酒地理标志可继续使用；另外，如适用 TRIPs 协议前或来源国保护该地理标志前已善意申请或注册的商标，或基于善意而取得商标权的商标，其继续有效；或者在来源国已不受保护或停止保护，或已放弃的地理标志，他国可以正当使用。

与前述几个保护地理标志的协议相比，TRIPs 协议在对地理标志进行经济法角度的保护以外，更多地侧重于对地理标志利害关系人的保护，更侧重于从私法的角度保护，这与地理标志的私权属性相一致。可以说，TRIPs 协议是当今对地理标志保护最完善的国际条约。

第三节　中国—东盟地理标志法律制度比较研究的意义

一、国际社会对东盟地理标志法律制度研究概况

随着东盟各国相继加入 WTO，签署并履行 TRIPs 协议成为东盟各国的法律义务，由此东盟各国开始在国内立法中寻求对地理标志的法律保护。如 1995 年菲律宾就在知识产权法典中规定了对地理标志的保护，印度尼西亚在 1997 年的商标法中对地理标志作出了规定，新加坡和马来西亚也相继制定了地理标志法，越南通过"政府法令"的方式也对地理标志保护进行了规定，甚至近年来经济不发达的柬埔寨、老挝、缅甸等国也正在建立完善的法律制度对地理标志进行保护。对此，国外学术界

---

❶　TRIPs 协议第 24 条第 3 款规定，在实施本节规定过程中，缔约方不得削弱紧邻本协议生效日之前已经存在于该缔约方的对地理标志的保护。

也加大了对东盟地理标志制度的研究工作，首先，很多学者对东盟中某个国家地理标志的法律制度进行了研究，如 Sasongko, Wahyu 在 "Legal Protection of Geographical Indications in Indonesia Towards The Asean Economic Community" 中，以东盟自由贸易区为背景，论述了印度尼西亚地理标志的法律保护制度；Kuanpoth, Jakkrit 在 "Protection of geographical indications：The case of jasmine rice and Thailand" 中，以泰国香米为例，论述了泰国地理标志制度；还有 H. E. Lord Rwasmey 在 "The Development of Future Geographical Indications in Cambodia" 中则提出了柬埔寨未来的地理标志保护制度构想。其次，也有学者对东盟与其他国家或区域的地理标志法律制度进行比较研究，如 NT Tuyet 在 "A Study of Legal Protection of Geographical Indications in the European Community and in Vietnam" 中就对欧盟和越南的地理标志保护制度进行了研究。最后，还有学者对东盟整体的地理标志问题进行了研究，如 2013 年 "The protection of geographical indications in the export and export potential market of ASEAN" 研讨会在越南举办，该研讨会研究了欧盟和东盟的地理标志登记手续系统的差异，有助于东盟成员国进一步了解自己在欧盟和东盟市场上登记地理标志的具体战略。

二、我国学者对东盟地理标志法律制度研究概况

我国对于东盟地理标志的研究也是随着我国加入 WTO、中国—东盟自由贸易区建设完善而逐步推进的。我国较早对东盟地理标志进行研究的文章见文麟《中国与泰国地理标志法律保护比较研究》（2008 年 2 月）；其后 2009 年中国社科院的李顺德在《东南亚联盟国家知识产权环境研究》课题中以专章简要介绍了东盟地理标志制度的发展概况，分析了东盟地理标志制度的主要内容，包括地理标志的定义、申请主体、保护条件等。随着中国—东盟自由贸易区的建立和 2009 年《中国—东盟知识产权领域合作谅解备忘录》的签订，近几年来，关于东盟地理标志法律制度的研究成果迅速增加，且水平不断提高。如 2011 年贾引狮在《广西开拓东盟中医药市场与对策》中，提到了东盟对传统医药和药材的地理标志保护，在 2013 年的《美国与东盟部分国家就 TPP 知识产权问题

谈判的博弈研究》研究中论述了 TPP 谈判会对未来东盟地理标志制度带来的影响；2014 年苏悦娟、孔璎红等人在《TRIPs 协议下的泰国地理标志保护制度研究》等文章对泰国、印度尼西亚和越南的地理标志制度进行了研究，其在《TRIPs 协议下中国—东盟地理标志保护及其合作研究》中也对中国—东盟地理标志保护和合作进行了展望研究；2014 年宋志国等人的《中国—东盟知识产权保护与合作的法律协调研究》一书中，对中国与东盟知识产权（包括地理标志）的保护与合作的法律协调制度进行了论述。总之，国内学者对东盟地理标志的研究逐步由对东盟某个国家地理标志研究逐步转向中国—东盟地理标志法律协调研究上，对中国与东盟地理标志的比较研究将是未来一段时间内的研究热点。

综上所述，目前国内外学术界已经开展了对东盟地理标志保护制度的研究，但相较于对欧盟、美国、日本、韩国的地理标志保护制度的研究而言仍显滞后，这既与东盟地理标志保护法律制度刚刚建立、保护水平较低有关，也与东盟整体经济在世界范围内的竞争力有关。但是随着东盟经济一体化的推进以及东盟经济的发展，国外学术界未来对东盟地理标志保护制度的研究也将继续深入。

三、对中国—东盟地理标志法律制度比较研究的意义

（一）对中国—东盟地理标志法律制度比较研究的学术价值

国际经济贸易一体化的推进，为地理标志产品的销售提供了广阔的市场，但是也给地理标志的跨国保护提出了新的挑战。相对于已有的研究成果，该课题的研究将拓宽我国学术界对东盟地理标志保护的研究领域。目前地理标志保护研究主要集中在国际地理标志保护规则、欧美等国地理标志保护问题、我国地理标志保护模式与立法问题、地方发展地理标志产业等问题上。对东盟地理标志的研究多集中在泰国、印度尼西亚、马来西亚、越南等国地理标志保护制度的介绍上；对菲律宾、柬埔寨、缅甸、老挝等国的地理标志保护制度则至今未有学者进行研究，也没有对东盟整体推进地理标志保护的动向予以深入研究，更没有对中国与东盟地理标志保护进行过深入比较研究。

（二）对中国—东盟地理标志法律制度比较研究的应用价值

截至 2015 年 12 月底，我国国家工商总局审定注册的国内地理标志商标 2901 件，国外地理标志注册商标 84 件，合计 2985 件；❶ 国家质检总局批准了 1981 个国内"地理标志产品"，并对欧盟的 10 个产品和秘鲁的 4 个产品进行了地理标志互认；❷ 农业部登记了 1612 个"农产品地理标志"。❸ 东盟各国对地理标志的保护也是不遗余力，如泰国共有 67 种产品获得地理标志保护，越南有 41 种产品获得地理标志保护，印度尼西亚有 35 种产品注册了国内地理标志产品，马来西亚注册了 26 个国内地理标志产品。中国与东盟间地理标志产品流通频繁，如中国的六堡茶、普洱茶、铁皮石斛、赵县雪花梨等地理标志产品在东盟国家很受欢迎，同时泰国香米、越南咖啡、越南柚子、柬埔寨胡椒、印度尼西亚咖啡等地理标志产品也大量进口到中国。

因此，对中国—东盟地理标志法律制度的比较研究有助推中国—东盟间农副地理标志产品的国际贸易的应用价值。此前，我国农副产品出口面临着质量不高、品牌缺失、出口渠道不畅等诸多问题，该课题的研究将比较中国与东盟间地理标志法律制度，探讨双方对地理标志的互认，探讨中国—东盟自由贸易区内地理标志保护的协调问题，提高双边地理标志产品的出口增加值，优化双边的农副产品出口结构。

---

❶ 数据来源于我国国家工商总局网站，并经本人整理，http：//www. saic. gov. cn/.
❷ 数据来源于我国国家质检总局网站，并经本人整理，http：//www. aqsiq. gov. cn/.
❸ 数据来源于农业部网站，并经本人整理，http：//www. ny3721. com/url/2805/.

第二章 中国地理标志法律制度概述

我国是世界上最大的发展中国家，具有灿烂悠久的历史传统和文化底蕴，地理标志的保护对我国经济社会发展具有特殊的意义。目前，我国已经出台了一系列保护地理标志的法律制度，初步形成了商标法与原产地名称保护相结合的混合保护模式，但在具体的法律制度和保护实践中仍然存在着诸多问题，在一定程度上不利于中国—东盟地理标志法律制度的协调和合作，以下是对我国地理标志保护制度的深入研究。

第一节　中国地理标志的商标法保护制度

一、我国地理标志适用商标法模式予以保护的简要历史

《巴黎公约》是世界上最早对地理标志/原产地名称进行保护的国际公约，在谋求加入该公约的过程中，我国对地理标志/原产地名称的保护逐渐予以重视，并在随后的法律制定过程中逐渐予以增加或修改完善。

最早在 1983 年，国家工商总局考虑在商标注册过程中，为了防止与保护原产地名称产生矛盾，决定对纯粹以行政区划名称构成的商标不再核准注册。其主要的原因是 1985 年我国加入了《巴黎公约》，为了与《巴黎公约》的规定保持一致，我国国家工商总局需要在有关商标法的法律法规中予以修改。1988 年国家工商总局颁布的《商标法实施细则》第 6 条进行了明确的规定，❶ 之后这一规定被 1993 年修改的《商标法》所采纳，❷ 具体规定在第 8 条中。其后，1993 年的《商标法实施细则》第 6 条将证明商标和集体商标纳入了注册商标的范围。❸ 随后第二年国家工商总局又颁布了《集体商标、证明商标注册和管理办法》，该办法第 2 条

---

❶　《商标法实施细则》（1988 年版）第 6 条规定，县级以上（含县级）行政区划名称和公众知晓的外国地名，不得作为商标。使用前款规定名称已经核准注册的商标继续有效。

❷　《商标法》（1993 年版）第 8 条规定，县级以上行政区划的地名或者公众知晓的外国地名，不得作为商标，但是，地名具有其他含义的除外；已经注册的使用地名的商标继续有效。

❸　《商标法实施细则》（1993 年版）第 6 条规定，依照《商标法》第 3 条规定，经商标局核准注册的集体商标、证明商标，受法律保护。集体商标、证明商标的注册和管理办法，由国家工商行政管理局会同国务院有关部门另行制定。

对证明商标进行了定义，❶ 这是我国首次明确以证明商标的形式来保护地理标志的一部专门的规划章程。❷

2001 年修改的《商标法》是从立法层面上对地理标志提供保护的首部法律，该法除了在商标禁用规定（包括注册和使用两个方面）、证明商标和集体商标等方面延续了以往对地理标志的间接保护之外，首次出现了直接保护地理标志的规定。❸ 随后，2002 年《商标法实施条例》第 6 条对地理标志的商标法保护作了具体规定；❹ 2003 年国家工商总局发布了修改后的《集体商标、证明商标注册和管理办法》，其中第 4 条、第 6 条、第 7 条、第 8 条、第 9 条、第 12 条详细规定了地理标志的保护。2013 年全国人大常委会又重新修订了《商标法》，2014 年国务院也重新修订了《商标法实施条例》，但在上述法律法规的修改中涉及地理标志保护的内容未加改动。至此，我国已经基本建立起了地理标志在商标法框架内进行保护的制度和规则。

二、我国地理标志商标法模式保护制度的简要分析

在商标法的总体框架中，我国地理标志保护的相关规定主要集中在以下两处。一是我国《商标法》第一章"总则"中有两个条款有相关规

---

❶ 参见《集体商标、证明商标注册和管理办法》（1994 年版）第 2 条：证明商标是指由对某种商品或者服务具有检测和监督能力的组织所控制，而由其以外的人使用在商品或服务上，用以证明该商品或服务的原产地、原料、制造方法、质量、精确度或其他特定品质的商品商标或服务商标。

❷ 谢冬伟："我国地理标志保护制度的历史与发展"，载《工商行政管理》2003 年第 11 期，第 29 页。

❸ 《商标法》（2001 年版）第 16 条规定，商标中有商品的地理标志，而该商品并非来源于该标志所标示的地，误导公众的，不予注册并禁止使用；但是，已经善意取得注册的继续有效。前款所称地理标志，是指标示某商品来源于某地区，该商品的特定质量、信誉或者其他特征，主要由该地区的自然因素或者人文因素所决定的标志。

❹ 《商标法实施条例》（2002 年版）第 6 条规定，商标法第 16 条规定的地理标志，可以依照商标法和本条例的规定，作为证明商标或者集体商标申请注册。以地理标志作为证明商标注册的，其商品符合使用该地理标志条件的自然人、法人或者其他组织可以要求使用该证明商标，控制该证明商标的组织应当允许。以地理标志作为集体商标注册的，其商品符合使用该地理标志条件的自然人、法人或者其他组织，可以要求参加以该地理标志作为集体商标注册的团体、协会或者其他组织，该团体、协会或者其他组织应当依据其章程接纳为会员；不要求参加以该地理标志作为集体商标注册的团体、协会或者其他组织的，也可以正当使用该地理标志，该团体、协会或者其他组织无权禁止。

定，其中第 10 条第 2 款规定了"不得作为商标"的情形，第 16 条规定了"不予注册并禁止使用"的情形和"地理标志的定义"；二是《集体商标、证明商标注册和管理办法》对地理标志保护的具体规定。

（一）地名商标的禁用和例外

现行《商标法》（2013 年）第 10 条第 2 款规定，"地名"除了"具有其他含义作为集体商标、证明商标组成部分"外，被一般性地禁止作为商标。❶ 对该条款应作以下理解。第一，该地名是指"县级以上行政区划的地名"或"公众知晓的外国地名"。那么就排除了县级以下行政区划的地名，如"芙蓉镇""官渡镇"等；以及地理意义上的地名，如"黄河""长江""庐山"等。第二，"地名具有其他含义的除外"，在这里指"县级以上行政区划的地名具有其他含义的"，如"凤凰"既可以指"凤凰县"，即湖南的一个县级行政区划名称，同时"凤凰"也是一种鸟的名称，是中国古代传说中的百鸟之王，是人们心目中的瑞鸟，是天下太平的象征。另外如"平乐"既可以指广西的一个县，也有"平和快乐"的意思。因此，将"凤凰"注册在自行车、相机上，将"平乐"注册在药品、健身器材上不具有欺骗消费者的效果，当然也可以注册为商标。第三，"地名作为集体商标、证明商标组成部分的除外"，是指地名可以作为集体商标或证明商标的一部分，如"佛山"虽然是县级以上区划名称，但是"佛山陶瓷"却申请了集体商标；再如"桂林米粉""陕西苹果""吐鲁番葡萄"等。第四，"禁止作为商标"既包括不得注册为商标，也包括不得以商标的形式使用。

那么，为什么不允许"县级以上行政区划的地名"直接作为商标注册呢？原因在于，第一，如将"县级以上行政区划的地名"注册为商标，本身就缺乏商标所要求的"显著性"，地名一般只能表示商品的产地，不能准确地指明商品的厂商来源。且新闻媒体、电视节目等不同场合会经

---

❶ 《商标法》（2013 年）第 10 条第 2 款规定，县级以上行政区划的地名或者公众知晓的外国地名，不得作为商标。但是，地名具有其他含义或者作为集体商标、证明商标组成部分的除外；已经注册的使用地名的商标继续有效。

常出现该地名，消费者也很难将该地名与厂商的产品相联系，无法发挥商标的指示性功能。第二，行政区划名称不应由某个人或企业作为商标注册，是出于一旦地名注册成功，将使地名成为私人垄断的财产，从而变相剥夺了本地区其他企业使用本地地名描述自己商品产地的合理机会，导致不公平的市场竞争。我国以前没有地名商标的禁止规定，导致实践中出现了很多争议，如"金华"商标被金华市之外的一家企业注册在火腿产品上，这使得金华本地区生产火腿的企业不能出售"金华"（牌）火腿，进而引发"金华"商标所有者与金华市的火腿生产企业间长时间的纠纷。第三，如果注册商标指定的商品并非来自于该"地名"所标示的地理区域，则该地名商标具有很大的欺骗性，导致消费者产生混淆。如一家北京企业在豆腐乳商品上注册了"桂林"商标，则很可能导致消费者误认为该豆腐乳产自于桂林，或使用了桂林豆腐乳的配方。

就地理标志而言，如果没有上述的禁用条款，允许将地名作为商标使用和注册，将对地理标志的保护产生诸多不利影响。第一，事实上形成私人对地理标志的垄断，损害了该地区从事相同产品生产和经营的个人或企业的合法权益。因为地理标志保护的重要目的就是保证所有符合规定条件的经营者都能够获得地理标志的使用权，禁止地名作为商标，可以阻止地理标志的"私有化"。第二，不利于发挥地理标志的经济和社会价值。根据《巴黎公约》或者 TRIPs 协议对地理标志的定义，与普通商标相比，地理标志具有以下"指示"功能：一是指示了某一产品的地理来源或原产地，二是指示了该产品具有特定的质量、声誉或其他特征，而这些特征是由其特定地理环境所决定。以上两种指示作用可以使地理标志产品在市场上具有很强的号召力，对消费者具有更强的吸引力。而普通商标的指示功能则在于区别"某个经营者的商品与他人商品"，既无法指示产品的地理来源，也无法体现"主要由该地区的自然因素或人文因素"所决定的商品特定质量、信誉或其他特征。因此，一旦允许某个经营者将地名直接作为普通商标使用，并且消费者在购买商品时固定地将该商标与该经营者的身份联系在一起时，地理标志内在的文化价值和社会价值就会损失殆尽。第三，不利于地理标志的形成。某个地理标志的形成不可能一蹴而就，而是需要经过一个相当长的信誉累积过程，很多是由本地域经营者共同努力的结果，如果地名可以随意注册为商标，将对地理标志的形成产生如下不利影响：一是某个经营者对地名商标享有专有权，非经该商标所有人的同意或法律直接规定，本地域的其他经营者不能在相同或近似的商品上使用与该商标相同或近似的标志，这对该地区某种产品声誉同样作出贡献的经营者来说极不公平，且如果缺乏本地区其他经营者的共同和持续使用，也不利于该地名发展成为蕴含巨大文化价值及社会价值的地理标志；二是在事实上，商标持有人对地名商标的专有使用，不但无法承载该地区产品所特有的质量、声誉或其他特征，最多只能反映该商品持有人的产品质量、声誉或其他特征，而且会使该地名失去产品地理来源的指示功能，也最终使得地名"去地理化"。❶

（二）地理标志作为集体商标和证明商标予以保护

2002 年《商标法实施条例》对地理标志作为集体商标和证明商标作出了规定，2014 年修改后的《商标法实施条例》延续了以往法律的规定。2003 年国家工商总局颁布的《集体商标、证明商标注册和管理办法》（以下简称《注册和管理办法》）是对该问题的最为详细的法律规定，以下是对该管理办法的具体分析。

1. 地理标志作为集体商标和证明商标的申请

（1）申请人。该《注册和管理办法》只规定了申请地理标志集体商标申请人的资格问题，❷ 并没有明确限定地理标志证明商标的申请人的地理范围。但是根据法律规定的精神，只有来自某地理区域的经营者的组织才可以申请注册与该地理区域相关的证明商标或集体商标。原因在于，如果允许个人或企业将地理标志注册为商标，不但会引起与地名作为商标注册相同的问题，不符合商标应当具有的显著性要求，还会排斥同样来自于该地理区域的商品提供者使用该地理标志的权利。

（2）申请文件。该《注册和管理办法》规定申请人应当提交相关申

---

❶　吴汉东主编：《中国知识产权制度评价与立法建议》，知识产权出版社 2008 年版，第 298 页。

❷　《集体商标、证明商标注册和管理办法》（2003 年）第 4 条第 2 款规定，申请以地理标志作为集体商标注册的团体、协会或者其他组织，应当由来自该地理标志标示的地区范围内的成员组成。

请文件，并要求在申请文件中说明规定的内容。❶ 其次，为了保障地理标志商品所特有的品质，该《注册和管理办法》还规定了应该提供主体资格证明文件、委托机构的专业保障能力等内容。❷ 再次，为了确定申请人可以代表本地区成员的资格合法性问题，该《注册和管理办法》还规定了申请地理标志集体商标还应该提交相关的地方政府或者行业主管部门的批准文件。❸ 最后，《注册和管理办法》还规定了外国主体申请地理标志证明商标或集体商标应提交证明文件的义务。❹

（3）申请书的填报和样本等规定。注册地理标志证明商标或集体商标，在申请书和样本等规定方面与普通商标一致，都要求按照公布的商品分类填报，每件商标申请都要提交 1 份《商标注册申请书》和 1 份商标图样，如商标图样中含有颜色组合或者着色的，应当提交着色图样。同时，还应当在申请书中声明该商标拟注册为集体商标或证明商标，还要提供集体商标或证明商标的使用管理规定，要对该商标所要证明的特点、授权使用者及有关证明和管理具体的具体事项，《注册和管理办法》中规定了使用管理规则的具体内容。❺ 另外，外国主体提交的地理标志

---

❶ 参见《集体商标、证明商标注册和管理办法》（2003 年）第 7 条，以地理标志作为集体商标、证明商标注册的，应当在申请书件中说明下列内容：（一）该地理标志所标示的商品的特定质量、信誉或者其他特征；（二）该商品的特定质量、信誉或者其他特征与该地理标志所标示的地区的自然因素和人文因素的关系；（三）该地理标志所标示的地区的范围。

❷ 参见《集体商标、证明商标注册和管理办法》（2003 年）第 4 条，申请集体商标注册的，应当附送主体资格证明文件并应当详细说明该集体组织成员的名称和地址；以地理标志作为集体商标申请注册的，应当附送主体资格证明文件并应当详细说明其所具有的或者其委托的机构具有的专业技术人员、专业检测设备等情况，以表明其具有监督使用该地理标志商品的特定品质的能力。第 5 条：申请证明商标注册的，应当附送主体资格证明文件并应当详细说明其所具有的或者其委托的机构具有的专业技术人员、专业检测设备情况，以表明其具有监督该证明商标所证明的特定商品品质的能力。

❸ 参见《集体商标、证明商标注册和管理办法》（2003 年）第 6 条第 1 款，申请以地理标志作为集体商标、证明商标注册的，还应当附送管辖该地理标志所标示地区的人民政府或者行业主管部门的批准文件。

❹ 参见《集体商标、证明商标注册和管理办法》（2003 年）第 6 条第 2 款，外国人或者外国企业申请以地理标志作为集体商标、证明商标注册的，申请人应当提供该地理标志以其名义在其原属国受法律保护的证明。

❺ 参见《集体商标、证明商标注册和管理办法》（2003 年）第 10 条，集体商标的使用管理规则应当包括：（一）使用集体商标的宗旨；（二）使用该集体商标的商品的品质；（三）使用该集体商标的手续；（四）使用该集体商标的权利、义务；（五）成员违反其使用管理规则应当承担的责任；（六）注册人对使用该集体商标商品的检验监督制度。

商标图样为外文或包含外文的，应当说明含义。

（4）地理标志本身的构成问题。是由产品来源地的名称或其他标志构成，它既可以是不会引起误认的行政区、地域、地区名称，也可以是具有地理含义的图形、符号及其组合，如用大本钟代表伦敦、天安门代表北京、象鼻山代表桂林一样，该管理办法对此有相应的说明，且还规定了地理标志名称中的"地区"与该地区的现行行政区划名称、范围是否必须一致的问题。❶ 因为我国行政区划在不断调整过程中，不可避免地会出现地名名称改变的情况，该条款的规定确有必要。

2. 对地理标志集体商标和证明商标的使用规定

（1）地理标志集体商标的具体使用规定。

地理标志集体商标获准注册后，商标注册人享有注册商标专用权。但由于集体商标的申请人是来自该地理标志标示区域范围内成员所组成的协会、团体或其他组织，因此，该协会、团体或组织是商标专用权人。集体成员在完成该地理标志使用管理规则规定的手续后，就可以使用该地理标志。同时，该组织也应该接纳所有其商品符合使用该地理标志条件的经营者作为会员。这样，这些成员就有权以集体商标注册者会员的身份，在经营活动中使用该地理标志集体商标，以表明自己来自于该特定地理区域。

但是，如果来自于该地理区域的经营者不愿意加入该集体商标的注册组织，是否还能够使用该集体商标呢？我国《商标法实施条例》（2014年）第4条给出了肯定的回答，❷ 这是因为集体商标的注册本身就是为了保障所有来自于该地理区域的经营者使用地理标志的权利，而不是为了垄断本应由该区域所有经营者所共享的资源。与此同时，《注册和管理办法》第17条第2款"集体商标不得许可非集体成员使用"的规定与《商标法实施条例》（2014年）第4条的规定有矛盾之处，即如果来自于

---

❶ 参见《集体商标、证明商标注册和管理办法》（2003年）第8条，作为集体商标、证明商标申请注册的地理标志，可以是该地理标志标示地区的名称，也可以是能够标示某商品来源于该地区的其他可视性标志。前款所称地区无需与该地区的现行行政区划名称、范围完全一致。

❷ 参见《商标法实施条例》（2014年）第4条："……以地理标志作为集体商标注册的，其商品符合使用该地理标志条件的自然人、法人或者其他组织，可以要求参加以该地理标志作为集体商标注册的团体、协会或者其他组织，该团体、协会或者其他组织应当依据其章程接纳为会员；不要求参加以该地理标志作为集体商标注册的团体、协会或者其他组织的，也可以正当使用该地理标志，该团体、协会或者其他组织无权禁止。"

该地理区域的经营者不愿意加入该集体组织，自然就不能成为该集体的成员，那么他能否使用或被许可使用地理标志集体商标呢？由于最新的《商标法实施条例》是国务院于 2014 年制定修改的，而《注册和管理办法》是国家工商总局于 2003 年制定的，按照"上位法优于下位法""新法优于旧法"的法律适用原则，应作以下理解：来自于该地理区域的经营者，如果其产品符合地理标志集体商标的质量标准，集体商标的注册人不得拒绝该经营者的许可使用申请；但是如果经营者是来自于该地理区域外，即便该产品符合地理标志集体商标的质量范围，该经营者不得使用该集体商标，集体商标注册人也不得许可该经营者使用。

此外，地理标志作为集体商标注册保护时，注册人的成员发生变化的，注册人应当向商标局申请变更，且由商标局公告。这是因为集体商标的申请人注册人是由来自该地理标志标示的地区范围内的成员的团体、协会或组织，当时申请时成员的组成是公开的，已经进行了公示，那么在以后具体使用过程中，成员的组成发生变化，自然也要进行变更登记，并进行公示，以使社会知道哪些成员是集体商标的注册人。

（2）地理标志证明商标的具体使用规定。

证明商标获准注册后，商标注册人享有注册商标的专用权，但是《注册和管理办法》却对地理标志注册人附加了额外的禁止事项，即禁止该注册人在自己的商品或服务上使用该证明商标，❶ 与此相比，集体商标则无此规定，这样规定的原因是什么呢？这是因为集体商标和证明商标的特征、作用和功能是有区别的。根据我国《商标法》（2013 年版）第 3 条的规定，❷ 集体商标是由集体组织名义注册，由该集体成员使用，以表明使用者具有该组织的成员资格；而证明商标则是用来证明该商品或服务来自于特定产地，具有特定的质量、声誉或特定特征。如果证明

---

❶ 参见《集体商标、证明商标注册和管理办法》（2003 年）第 20 条，证明商标的注册人不得在自己提供的商品上使用该证明商标。

❷ 《商标法》（2013 年）第 3 条规定，本法所称集体商标，是指以团体、协会或者其他组织名义注册，供该组织成员在商事活动中使用，以表明使用者在该组织中的成员资格的标志。本法所称证明商标，是指由对某种商品或者服务具有监督能力的组织所控制，而由该组织以外的单位或者个人使用于其商品或者服务，用以证明该商品或者服务的原产地、原料、制造方法、质量或者其他特定品质的标志。

商标可以由注册人自己使用，也就出现"自己证明自己""自己监督自己"的问题，使得证明商标的公信力打折，无法保证"证明"本身的客观公正，无法起到商标的"质量保障"功能。因此，地理标志一旦注册为证明商标，则该证明商标将起到证明商品原产地以及其他特定品质的作用，理应由对商品品质具有监督能力的组织注册，同时允许所有其商品符合该地理标志条件的经营者使用。如果注册人本人使用该地理标志证明商标，将会导致该证明商标的注册撤销。此外，这也是知识产权权利性质的具体表现，知识产权的"专用权"本质特征是一种"禁止权"，而非"自用权"。证明商标一经获准注册，注册人就享有禁止或许可他人使用该注册商标的权利，而并非自己获得了享有使用该商标的权利。

地理标志注册为证明商标后，自然人、法人或其他组织经营的产品只要符合地理标志的条件，都可以申请使用该证明商标，商标注册人不得拒绝。那么，如果是来自于非原产地的经营者，其商品符合地理标志的条件，能否使用或被许可使用该地理标志呢？答案是肯定的，因为地理标志证明商标是证明商品或服务的原产地、质量或特定品质，只要求其产品的产地来源和产品质量要求，对经营者的地理来源没有要求。

2012 年，我国的舟山水产协会诉北京华冠商贸有限公司和申马人公司的"舟山带鱼"证明商标案，被认为是我国地理标志证明商标的典型案例。舟山水产协会在带鱼、带鱼片商品上注册了"舟山带鱼"证明商标，如图 2-1 所示，华冠商贸有限公司销售

图 2-1　舟山带鱼

申马人公司生产的"小蛟龙"牌带鱼段，该产品外包装标注"舟山精选带鱼段"，且注明原料产地为浙江舟山。根据法院的最终判决，❶ 可得出

---

❶　参见北京市高级人民法院民事判决书（2012）高民终字第 58 号。北京高院审理认为，申马人公司虽然没有向舟山水产协会提出使用涉案商标的要求，但如果其生产、销售的带鱼商品确实产自浙江舟山海域，则舟山水产协会不能剥夺其在该带鱼商品上用"舟山"来标识商品产地的权利。根据举证规则，申马人公司作为涉案商品的生产者，对于涉案商品是否产自浙江舟山海域负有举证责任。但是在本案中，申马人公司提交的证据，尚不足以证明涉案商品原产地为浙江舟山海域。在申马人公司不能证明其生产、销售的涉案商品原产地为浙江舟山海域的情况下，其在涉案商品上标注"舟山精选带鱼段"的行为，不属于正当使用，构成侵犯涉案商标专用权的行为，应当就此承担停止侵权、赔偿损失的法律责任。

如下结论，如果本案被告能用充分的证据证明其生产销售的带鱼商品确实产自于浙江舟山海域，则使用"舟山精选带鱼段"是正当描述产品的产地，"舟山带鱼"证明商标注册人无权阻止。而且如果被告生产销售的带鱼商品确实产自于舟山海域，且符合"舟山带鱼"地理标志所规定的品质标准，则可以不经"舟山带鱼"商标注册人的同意，直接使用该地理标志证明商标。

3. 地理标志集体商标和证明商标的转让

如果要想转让地理标志集体商标或证明商标，当然需要符合《商标法》和《商标法实施条例》的规定，如转让人和受让人要签订书面协议，且要共同向商标局提出申请，注册商标转让经核准后，商标局要予以公告。另外，由于集体商标和证明商标的特殊性，还要符合管理办法的相关规定，如受让人要具备相应的主体资格，❶ 主体资格的条件应当与集体商标和证明商标的申请人的主体资格条件一致；地理标志发生移转的，如以前的注册商标申请人与其他协会或组织合并的，那么就可能产生注册商标的移转，此时权利继受人应当符合相应的主体资格，这是为了对地理标志所指示的产品质量负责。

在实际生活中，作为地理标志的集体商标和证明商标很少会发生转让或移转，原因在于：一方面，集体商标和证明商标的转让限制性规定较多，主要是对受让主体的资格有很严格的规定；另一方面，集体商标或证明商标的转让涉及某地理标志区域内不同成员的利益纠纷，甚至涉及该区域内某个产业的发展。所以，现实中的集体商标和证明商标的转让或移转很多都是在地方政府的协调之下完成的。如 2006 年淮安市优质稻米开发协会在商标局注册了"淮安大米"地理标志证明商标，后根据机构合并的需要，淮安市粮食行业协会要合并该市的优质稻米开发协会，继而两家单位产权承续的关键就是"淮安大米"地理标志证明商标的转让问题，经过多方努力和法定程序，2012 年 6 月，国家工商总局商标局

---

❶ 参见《集体商标、证明商标注册和管理办法》（2003 年）第 16 条，申请转让集体商标、证明商标的，受让人应当具备相应的主体资格，并符合商标法、实施条例和本办法的规定。集体商标、证明商标发生移转的，权利继受人应当具备相应的主体资格，并符合商标法、实施条例和本办法的规定。

对"淮安大米"的证明商标的转让予以核准，至此实现了全国首例地理标志证明商标的转让。

4. 关于葡萄酒和烈性酒地理标志商标保护的特别规定

世界上许多国家都对葡萄酒和烈性酒进行了"补充"保护，实际上是为葡萄酒和烈性酒进行的"特别""额外"保护，是较一般商品地理标志之外的高水平保护。我国《注册和管理办法》也对葡萄酒和烈性酒地理标志作了相关规定，一是如果葡萄酒地理标志是由同音字或同形字构成，它们能够彼此区分且不误导公众的，可以作为证明商标或集体商标进行注册。❶ 这与 TRIPs 协议第 23 条第 3 款的规定基本一致。二是禁止葡萄酒和烈性酒地理标志被并非来自于所标示的地理标志地区主体使用，即使标注了商品的真正来源地，或使用翻译文字，或使用某某"型""式""类"等表述。❷ 这与 TRIPs 协议第 23 条第 1 款的规定基本保持一致。

三、我国商标法模式下地理标志保护的实践探索和现状

我国国家工商总局在商标注册实践中，对地理标志的注册和保护不断地进行尝试，并逐步完善有关地理标志集体商标和证明商标的注册管理规定。如在 1988 年曾就"龙口"名称的问题作出批复；❸ 1989 年国家工商总局要求停止在酒类产品上使用"香槟"或"Champagne"的字样，❹

---

❶ 参见《集体商标、证明商标注册和管理办法》（2003 年）第 9 条，多个葡萄酒地理标志构成同音字或者同形字的，在这些地理标志能够彼此区分且不误导公众的情况下，每个地理标志都可以作为集体商标或者证明商标申请注册。

❷ 参见《集体商标、证明商标注册和管理办法》（2003 年）第 12 条，使用他人作为集体商标、证明商标注册的葡萄酒、烈性酒地理标志标示并非来源于该地理标志所标示地区的葡萄酒、烈性酒，即使同时标出了商品的真正来源地，或者使用的是翻译文字，或者伴有诸如某某"种"、某某"型"、某某"式"、某某"类"等表述的，适用《商标法》第 16 条的规定。

❸ 针对山东省工商局就"龙口"名称能否作为商标的问题，国家工商总局商标局认为，"龙口"是地方长期使用在粉丝商品上的带有产地名称性的称谓，不宜由某一企业作商标专用。并建议为了有利于保护山东省的拳头产品，发挥烟台地区名特产品的优势，防止滥用"龙口"名称的现象，应制定相应的保护产地名称或原产地名称的地方暂行规定及相应的保护措施。

❹ 国家工商总局指出："香槟是法文'Champagne'的译音，指原产于 Champagne 省的一种起泡白葡萄酒。它不是酒的通用名称，是原产地名称。近年来，我国一些企业将香槟或 Champagne 作为酒名使用，这不仅是误用，而且侵犯了他人的原产地名称权。"因此，该局要求："我国企业、事业单位和个体工商户以及在中国的外国（法国除外）企业不得在酒类商品上使用'Champagne'或'香槟'（包括大香槟、小香槟、女士香槟）字样。"

实际上，按今天我国《商标法》和 TRIPs 协议的标准来看，这一通知所给予"香槟"名称的保护已经超过了我国应承担的知识产权保护水平。❶但是由于以前的《商标法》对地理标志保护规定的不完善，一些具有浓厚地方色彩、体现地方人文传统与自然条件的"名优特"产品的产地名称往往被注册为普通商标，由此出现了许多不规范的地名商标，这给以后商标权与原产地名称权的权利冲突埋下了隐患。如在国家工商总局商标局的网站上查询，共有 12 件"桂林"商标被注册，涵盖了电线电缆、酒类、火柴等不同商品种类；"金华"商标被非金华市的某食品公司注册在火腿商品上；天津无线电厂在电视商品上注册的"北京"商标等。根据"祖父条款"，已在商标局注册的商标继续有效，但仅限定在核定的使用范围之内。

随着《商标法》《商标法实施条例》的多次修改完善，以及《集体商标、证明商标注册和管理办法》两次修订，我国以商标形式注册的地理标志越来越多。据统计，自 1995 年 3 月 1 日国家工商总局商标局接受地理标志集体商标和证明商标注册时起，截至 2015 年年底，根据产品的类别分类，我国累计在包括水果、茶、蔬菜类、家禽牲畜、水产品、中药材、粮油、工艺品、花卉等产品上注册了国内地理标志商标 2901 件，表 2—1 是详细的统计数据。在地理标志保护与产业发展实践中，各地创造出"集体商标（证明商标）＋龙头企业＋农户"的产品经营模式，取得了显著的经济效益。这种模式以地理标志为核心、以龙头企业为中介，组织起分散的农户，以集体的力量参与市场竞争，提高了单个农户的市场竞争力。如广西的"田阳香芒"自注册为证明商标以来，严格按照《"田阳香芒"证明商标管理办法》进行管理，产品远销北京、上海、广州、香港、俄罗斯等国内外市场，全县参与田阳香芒开发的 2 万多农民率先脱贫致富。再如以前广西横县茉莉花产量约为 6 万吨/年，年销售额2.5 亿元，获得"横县茉莉花"证明商标后年产量达 8 万多吨，且销售

---

❶ 首先，国家工商总局这一通知直接认定"它不是酒的通用名称"，但并未确定香槟名称是否已作为通用名称使用。若已成为通用名称，则在 TRIPs 下是不应受到保护的；其次，国家工商总局要求禁止在"酒类"商品上使用该名称，但自己也认定"香槟只是起泡白'葡萄酒'的原产地名称"，既不是所有以葡萄为原料制成的酒，更不是"酒类"商品的原产地名称。

额每年以 1 亿元的总量增长，市场占有率迅速提高，目前，该县茉莉花占全国总量的 70% 以上、世界总产量的 50%，不仅成为当地的支柱产业，同时还带动了当地餐饮、通讯、交通、旅游、服务等一大批相关产业的协调发展，使该县 110 万人走向富裕之路。

表 2-1　我国各省、自治区、直辖市注册的地理标志简表

地区	地理标志商标数量	地区	地理标志商标数量
山东	425	福建	272
湖北	249	江苏	215
重庆	201	浙江	190
四川	164	云南	131
辽宁	100	湖南	97
安徽	78	新疆	74
陕西	67	甘肃	57
贵州	54	黑龙江	54
河南	49	内蒙古	48
吉林	47	江西	47
山西	43	河北	40
广东	38	青海	33
广西	30	天津	24
宁夏	18	海南	15
西藏	15	上海	13
北京	8	台湾	5
总和	2901		

同时，为了规范地理标志标识的使用，国家工商总局专门设计了地理标志产品专用标识——中国地理标志（GI），并在 2007 年颁布的《地理标志专用标志管理办法》中正式对外公布，具体图标如图 2-2 所示。❶ 并在该办法中作了具体的使用规定，如已注册的合法使用人均可

❶ 参见《地理标志产品专用标志管理办法》（2007 年）第 3 条，专用标志的基本图案由中华人民共和国国家工商行政管理总局商标局中英文字样、中国地理标志字样、GI 的变形字体、小麦和天坛图形构成，绿色（C：70 M：0 Y：100 K：15；C：100 M：0 Y：100 K：75）和黄色（C：0 M：20 Y：100 K：0）为专用标志的基本组成色。

以在其地理标志产品上使用该专用标志，并可以标明该地理标志注册号，且要与地理标志一同使用，不得单独使用，如东乡手抓羊肉的经营者就可以在自己经营的产品或服务中使用"中国地理标志"和"东乡手抓羊肉"的两个标识；经营者还可以将该标志用于商品、商品的容器和包装上，或者用于公共宣传、展览及其他商业活动中，使用专用标志不须缴纳任何费用；地理标志注册人应对地理标志专用标志的使用行为进行监督。

图 2—2　我国地理标志产品专用标识

此外，关于地理标志注册商标的具体使用规则，2008 年国家工商总局商标局曾出台过《集体商标、证明商标使用管理规则的说明》，其具体的流程是：申请人向地理标志注册人递交《地理标志集体（或证明）商标使用申请书》→注册人收到申请书后，要对申请人的产品和产地进行实地考察→综合审查后，做出书面审核意见→申请领取《地理标志集体（或证明）商标使用证》→申请领取"中国地理标志"标识→申请人缴纳管理费。同时，该管理规则还附有具体的参考样本供申请人参考使用。

四、我国商标法模式下地理标志保护的制度评价

（一）地理标志商标保护模式的优点

首先，由于商标权是法定的知识产权类型之一，地理标志注册为商标，将使得注册人获得商标专用权，这种专用权将使权利人无论是在其后权利的行使还是维护都具有较其他模式更多的优势，因为除了可以协商解决的私力救济外，还可以请求工商行政管理机关进行行政保护，而

工商行政管理机构既是商标的注册管理机构，又是所有知识产权执法机构中力量最强的。此外，权利人还可以起诉到人民法院请求侵权赔偿，甚至可以获得刑事救济。另外，将地理标志注册为商标，可以更好地发挥"企业（农民专业合作社、协会）＋农户（基地）＋商标"的生产模式，更好地形成地理标志的品牌优势，因此，各地工商管理部门都很重视地理标志的商标注册工作。如福建省 2016 年出台《关于推进地理标志商标工作的若干措施》，一次奖励新注册地理标志商标的注册人 10 万元，该省力争到 2020 年拥有地理标志商标 350 件。❶

其次，将地理标志作为商标进行保护，有利于节省立法和执法成本。将地理标志作为集体商标或证明商标进行注册保护，一方面可以充分发挥商标注册人对地理标志保护的主观能动性，工商行政管理局等执法机关也不需要过多干预地理标志的内部使用，进而解脱其繁重的非执法性工作；另一方面，当前各国都基本构建了一套完善的商标法律体系，原产地名称保护的法律体系占的比重不高，如美国、加拿大、澳大利亚、英国、德国等很多国家都采用了这种制度。通过注册证明商标或集体商标来保护本国或他国的地理标志，可以充分利用《巴黎公约》和《马德里协定》及其议定书，国际注册更加方便，更易得到国际保护。而 TRIPs 协议为地理标志提供的保护仅限于制止原产地保护的虚假标示和不正当竞争行为。对于葡萄酒的地理标志保护，TRIPs 协议一直寻求建立一种注册和通知的多边制度，但迄今为止尚未取得实质性进展。而保护原产地名称的《里斯本协定》则由于保护条件苛刻，至今成员有限，在国际贸易中作用有限。因此，从国际贸易的角度来看，将地理标志保护纳入商标法模式中不仅可以节省立法成本，且不会损害商标法律制度的完整性，而且还可以节省跨国地理标志的维权协调和执法成本。

（二）地理标志商标法保护模式的缺点

首先，大量地理标志被注册为普通商标。由于历史原因，我国直到

---

❶ 夏菁："我省新注册地理标志商标的注册人将获一次性奖励 10 万"，载《东南快报》2016-4-8。

1983 年才开始执行对地名商标的注册禁止，而最终在商标法予以明确规定是在 1993 年。在此之前，我国有大量符合《商标法》第 16 条定义的地理标志目前仍然被作为普通商标注册。对于这一现实问题，我国商标法始终采取了回避的态度，《商标法》和《商标法实施条例》的多次修改一直坚持"已经善意取得注册的继续有效"和"已经核准注册的商标，继续有效"，但是我国并没有对善意取得注册的具体条件做出过任何规定，而 TRIPs 协议第 24 条第 4～5 款关于善意取得的规定非常具体。随着经济体制改革的不断深化，这些地名商标的权属矛盾日益突出，解决难度很大。

其次，先申请取得制度很难防止地理标志的抢注和不正当使用。因为我国商标法遵循的是"在先申请取得"原则，❶ 那么就自然产生不同主体地理抢注标志的现象，以争取在未来的商标使用、商标使用许可、产品质量标准制定方面获得更多话语权。因此，首先，各地不同团体抢注地理标志的现象屡禁不止。如陕西三原县的"三原蓼花糖"是具有 500 年历史的特色食品，2012 年，该县的两家协会（"三原县蓼花糖传统食品协会"和"三原县食品协会"）就为地理标志商标申请，而展开"抢亲"；再如广东"可塘"地理标志注册异议案，也是这种情况。❷ 其次，某些县级以下行政区划地名被注册以后，可能阻碍了某些县级以下区域享有盛誉的地理标志的申请。如江西南昌市下的进贤县军山湖螃蟹、文港毛笔、新建县的生米藠头都符合地理标志商标申报，但却至今没有申报成功，其原因在于地理标志证明商标注册人可以是质量检测机构、产销服务机构、技术推广机构等社团法人；再如申请集体商标类型的地理标志时，需要递交集体成员名单，但"文港""生米""军山湖"等商标已被当

---

❶ 参见《商标法》（2013）年第 31 条，两个或者两个以上的商标注册申请人，在同一种商品或者类似商品上，以相同或者近似的商标申请注册的，初步审定并公告申请在先的商标；同一天申请的，初步审定并公告使用在先的商标，驳回其他人的申请，不予公告。

❷ 广东"可塘"是目前国内及国际上最重要的水晶珠宝加工基地，全世界 70％的半珠宝产品来源于广东可塘，将"可塘"使用到珠宝商品上实际上是标示该珠宝商品来源于可塘地区。但 2004 年 10 月，"可塘"被与可塘无关的北京地区某自然人李某申请注册为"宝石、次宝石、人造宝石"等第 14 类珠宝、宝石类商品商标，并通过了国家工商总局商标局初审公告。2005 年 1 月，广东省海丰县可塘镇珠宝业的领头羊"广东可塘珠宝交易市场"代表可塘 1000 多家珠宝企业向国家工商总局商标局就李某的商标申请依法提出异议。见卢晓堅"地理标志注册商标亦要防抢注"，载《信息时报》2005-3-31。

地企业或个人注册，如果要申请上述地理标志商标，前提是该商标持有人放弃该注册商标，再由相关的行业协会来申报，因此申报难度非常大。❶

　　再次，有关烈性酒和葡萄酒的地理标志的保护规定，与 TRIPs 协议的规定相比力度不够。葡萄酒和烈性酒的地理标志保护在 TRIPs 协议中受到特别保护，最重要的表现是它们不需要经过"误导"测试。❷ 而根据我国《商标法》第 16 条第 1 款的规定，❸ 其保护水平与 TRIPs 协议的第 22 条大致相当，并没有给予特别保护，仍然秉持了"误导公众"的前提条件，在 2014 年的《商标法实施条例》中也没有规定对葡萄酒和烈性酒的地理标志实施特别保护。仅有的《集体商标、证明商标注册和管理办法》（2003 年）第 9 条和第 12 条只涉及葡萄酒和烈性酒地理标志的注册和使用问题，❹ 即要经过"误导"测试。是否对烈性酒和葡萄酒进行"误导"测试，所产生的法律后果是有明显差别的。在需要进行"误导"性测试之下，主张地理标志保护的"利益方"不但需要主张被控侵权方的产品并非来源于该地理标志所标示的地域（这一要求在实践中还是比较容易举证证明的），还要证明社会公众（主要是消费者）可能被"误导"或已经被"误导"；而在不需要"误导"性测试的情形下，主张地理标志保护的"利益方"只要证明对方的葡萄酒和烈性酒并非来源于该地理标志所标示的地区即可。因此，"误导"性测试要求地理标志的"利益方"承担更多的证明责任，给"利益方"的诉讼举证增加了更多的负担。特别需要注意的是，"误导"是以公众（一般是指消费者）的理解和判断

❶　蔡颖辉："地名被抢注无法申报 南昌地理标志商标待破冰"，载《江西日报》2010-3-22。
❷　TRIPs 协议第 23 条第 1 款规定，每一个缔约方应提供法律手段，为利益方能够禁止将识别葡萄酒的地理标志用于不是产于该地理标志所表明的地方的葡萄酒，或把识别烈酒的地理标志用于不是产于该地理标志所表明的地方的烈酒，即使对货物的真实原产地已有说明，或该地理标志是经翻译后使用的，或伴有"××型""××类""××式""仿制品"等字样。
❸　我国《商标法》第 16 条第 1 款规定，商标中有商品的地理标志，而该商品并非来源于该标志所标示的地区，误导公众的，不予注册并禁止使用；但是，已经善意取得注册的继续有效。
❹　《集体商标、证明商标注册和管理办法》（2003 年）第 9 条规定，多个葡萄酒地理标志构成同音字或者同形字的，在这些地理标志能够彼此区分且不误导公众的情况下，每个地理标志都可以作为集体商标或者证明商标申请注册。第 12 条规定，使用他人作为集体商标、证明商标注册的葡萄酒、烈性酒地理标志标示并非来源于该地理标志所标示地区的葡萄酒、烈性酒，即使同时标出了商品的真正来源地，或者使用的是翻译文字，或者伴有诸如某某"种"、某某"型"、某某"式"、某某"类"等表述的，适用《商标法》第 16 条的规定。

为标准的，而非"生产商、种植商、贸易商"的角度去判断。因此，选择不同的测试对象（消费者），使用不同的测试方法，选定不同的测试标准，最终得出的结论有可能存在较大差异。这意味着起诉方不但要承担更多的证明责任，而且要承担因测试方法、测试对象、测试标准等的不确定性带来的巨大风险。由此可以得出结论，我国对于葡萄酒和烈性酒的地理标志保护力度还未达到 TRIPs 协议的要求。

最后，缺少文字真实但容易产生"误导"的地理标志的规定。所谓文字真实但容易产生"误导"的地理标志，主要指产品上"文字表达"的地理标志与真实产地是一致的，但公众并不把该产品的产地联想到该"文字"上的产地，而是将该产品产地联想到另一个具有相同或近似名称的地方。比如美国的 Cambridg（坎布里奇）常与英国的 Cambridge（剑桥）相互误导；再如在美国也有一个城市名为"巴黎"，位于得克萨斯州，如果该地有人生产香水，并将"巴黎"字样的文字标注在商品包装上予以出口，对普通消费者来说，其首先联想到该香水是产自于法国巴黎，因此在该情况下虽然"文字"真实地指明商品来源地，但也会对公众产生误导的后果。对于文字真实但产生误导的地理标志，TRIPs 协议第 22 条第 4 款有明确的规定，❶ 我国《商标法》没有规定此类内容，事实上，文字真实但容易产生误导的地理标志在我国是很容易发生的。一个原因是我国本身就存在着许多重名地名的情况，包括行政区划的名称、各种自然与人文景观的名称、山川河流名称等，如上饶市/上饶县（上饶）、邵阳市/邵阳县（邵阳）、大安市（白城）/大安区（自贡）、大埔县（梅州）/大埔区（香港）、大通县（西宁）/大通区（淮南）等。另外我国还有 18 个白云山、7 个西山等。如吉林市蜂业协会注册的"东山白蜜"地理标志，很容易使人联想到是福建东山岛、会稽东山、贵阳东山等地名。另外一个原因是我国行政区划的范围及其名称也经常发生变动，造成地理标志所包含的产品地域范围与行政区划名称所包含的范围不一致。此外，中国与东盟许多国家的地名也有重复的，据统计，越南有 16

---

❶ TRIPs 协议第 22 条第 4 款规定，上述第 1 款、第 2 款和第 3 款的保护适用于文字真实但产生误导的地理标志。

个省 58 个县的地名都可以在中国找到，典型的如太原、西宁、平顺、莱阳、重庆、永州等，也会使消费者产生混淆。因此，无论是从更高标准执行 TRIPs 协议的需要，还是从我国国内地理标志保护的需要，未来《商标法》的修改必须重视这一问题。

第二节　中国地理标志产品保护制度

地理标志产品保护制度，即地理标志原产地产品名称保护制度，该制度与《巴黎公约》《保护原产地名称及其国际注册里斯本协定》和 TRIPs 协议相关。法国是最早实行原产地名称保护地理标志的国家，距今已有 100 多年的历史，这种保护制度造就了法国葡萄酒的世界声誉，涌现出一批知名品牌——香槟酒和干邑酒等。该制度在保护地理标志产品质量、声誉，促进特色农副产品开发、维护地方特色产品经营者的合法权益、提升国家形象、促进国际贸易等方面发挥了积极作用，得到了许多国家的认可。我国在借鉴法国等西方国家原产地名称保护制度的同时，逐步形成了符合我国国情的地理标志产品保护制度体系，并在国际上具有了自己的特色。

一、我国地理标志产品保护制度的简要历史

为了配合加入 WTO，在国际贸易过程中维护地理标志产品经营者的知识产权利益，1999 年 8 月，原国家质量监督局颁布并实施了《原产地域产品保护规定》，初步建立了我国的原产地名称产品保护制度。2001 年，为了规范原产地标记的使用，原国家出入境检验检疫局颁布实施了《原产地标记管理办法》。2005 年 6 月，国家质检总局在总结前两个文件的基础上，颁布了《地理标志产品保护规定》（以下简称《规定》），2009 年，国家质检总局又颁布了《地理标志产品保护工作细则》（以下简称《细则》）。对地理标志产品的范围、申请人资格、申请文件要求及程序、专用标志申领、地理标志产品质量标准监控等方面做出了具体的规定。至此，我国的地理标志原产地名称保护制度已经形成了一个完整的体系。

二、我国地理标志产品保护制度的主要内容

（一）地理标志产品的保护范围

凡是来自于特定地域，且由产地的自然因素和人文因素决定了该产品的特殊质量、声誉或其他特性的产品，均可以提出地理标志产品申请。一般包括种植养殖类产品及其初级加工品、加工食品、酒类、中药材、茶叶、传统工艺品等，对于养殖、种植类产品，传统工艺品的原材料全部来自于某地区，产品质量与品质由该地区的自然因素或/和人文因素所决定，可以申请地理标志产品保护。那么对于原材料部分或全部来自于其他地区的传统手工艺品能否保护？对此，《细则》有明确的规定。❶

（二）地理标志产品予以保护的实质条件

在上述国家质检总局的《规定》和《细则》中，分别从积极要件和消极要件两个方面规定了获得地理标志产品保护需要满足的条件。积极要件为：（1）该产品要符合地理标志产品的定义，即产自特定区域，该产品的质量、声誉或其他特性本质上取决于该产地的自然因素和人文因素；（2）申请的地理标志产品应当符合安全、环保、卫生的要求。消极要件即为禁止性的条件：（1）规定第7条明确了对环境、生态、资源可能产生危害的产品，不予保护；（2）产品知名度不高、保护地域不明确、产品地理名称已作为通用名称等，详见《细则》第9条。❷

---

❶《地理标志产品保护规定实施细则》第7条规定，地理标志产品包括：（一）在特定地域种植、养殖的产品，其特殊品质、特色和声誉主要取决于当地的自然因素。（二）原材料全部来自该地区，其产品的特殊品质、特色和声誉主要取决于当地的自然环境和人文因素，并在该地采用特定工艺生产。（三）原材料部分或全部来自其他地区，其产品的特殊品质、特色和声誉主要取决于产品产地的自然因素和人文因素，并在该地采用特定工艺生产和加工。

❷《地理标志产品保护规定实施细则》第9条规定，申请保护的地理标志产品出现下列情况之一的，其申请不予受理：（1）产品知名度不高；（2）申请保护对象不明确、不具体；（3）对环境、生态、资源、健康可能产生破坏或危害的；（4）产品地理名称已经在特定地域之外广泛使用的；（5）拟保护的产地范围与实际产地范围不符的。

（三）地理标志产品的申请及受理

1. 申请人

在我国，可以有两种形式的机构申请地理标志保护产品，分别是地理标志产品保护申请机构（要求当地县级以上人民政府指定），协会和企业（也要求县级以上人民政府认定的）。同时《规定》还要求，申请人提出地理标志产品申请时要征求相关部门意见。

2. 受理机构

（1）在我国，有两个部门分别受理地理标志的初步申请，并提出初审意见。分别是：如果是本辖区按地域提出的地理标志产品保护申请，则受理机构是县级或县级以上质量技术监督部门；如果是本辖区出口企业的地理标志产品保护申请，则受理机构为出入境检验检疫部门。

（2）国家质检总局的受理和审核。县级以上质量技术监督部门或者出入境检验检疫部门提出初审意见后，上述部门要将相关资料和文件上报国家质检总局，由其进行形式审查和技术审查。

3. 国家质检总局的形式审查和技术审查程序

（1）形式审查。国家质检总局的形式审查主要是针对收到的申请文件进行书面审查。对同类别初次审理的产品或者地域范围较大的产品，国家质检总局可组织专家进行形式审查。经过形式审查合格的，将在政府网站、国家质检总局公报等上面公告；经过形式审查不合格的，国家质检总局应书面通知申请人。

（2）受理异议。有关个人或单位对申请有异议的，一般应在公告之日起2个月内提出。对于异议，一般遵循属地原则调解，即一般由省级质检机构对异议进行处理，特殊情况由总局管理机构组织有关专家进行论证，跨省的争议由国家质检总局负责协调。

（3）评审准备。受理公告发布后，就要准备必要的评审工作。主要包括：申请人准备专家审查会的必要文件，如产品陈述报告、产品质量技术要求等；省级质检机构向国家质检总局提交拟定的该地理标志产品的技术标准体系（省级地方标准、技术规范）等文件；省级质检机构向国家质检总局提出召开专家审查会的申请公函；此外，总局还可以组织有关专家进行实地考察。

（4）技术审查。国家质检总局根据产品的特点设立相应的专家委员会，其专家成员应从地理标志产品保护专家库中选取，一般由法律、标准化、检测、专业技术、地理标志等方面的人员组成。技术审查的重点是：是否符合地理标志产品保护的实质性要件；产品的知名度、是否具有稳定的产量，以及生产历史等；加工产品采用的特定工艺；产地保护范围是否公认无异议，并经所在地政府确认；国家对同类产品规定有安全、卫生、环保等强制性规范要求的，申请的产品是否符合该要求。专家审查会对上述要点进行审查后，最终要形成会议纪要。

（5）保护公告。经过技术审查合格的，国家质检总局将在该局公报中发布该产品获得中国地理标志保护的公告（一般是一个公报中公告多个产品获得地理标志保护），并向申请人颁发"地理标志保护产品批准证书"。

（四）地理标志产品标准的制定和备案

产品获得地理标志产品保护批准后，申请人要按照公告要求完善受保护产品的技术文件，主要包括产品标准（应制定为省级地方标准）和生产过程规范（可制定为技术规范或省级地方标准），并报国家质检总局审核备案。

（五）地理标志保护产品专用标志的管理与使用

1. 地理标志产品专用标志的申领

首先，地理标志产品获得授权后，符合该产品技术标准的当地生产者就可以准备相关材料，主要包括专用标志使用申请书、产品产自特定地域的证明（由管理部门出具）、检验报告（产品质检机构出具）。其次，申请人向当地质检部门提出使用专用标志的申请。地理标志产品的专用标志如图2—3所示，整体轮廓为椭圆形，底色为绿色，外圈为淡黄色，椭圆内圈中由五条纬线和四条经线组成，椭圆中央为我国地图，地图中央标注"PGI"字样，外圈上部有"中华人民共和国地理标志保护产品"字样的标注，外圈下部标注"PEOPLE'S REPUBLIC OF CHINA"字样，椭圆形标识的第4～5条纬线之间中部标注受保护的产品名称，图中以"宁德大黄鱼"为例。当地质检机构要向国家质检总局科技司报送使用地理标志产品专用标志的具体厂商信息。

内销产品地理标志　　　　　出口产品地理标志

图 2-3　"宁德大黄鱼"地理标志产品专用标志

2. 地理标志产品专用标志的注册、登记

对于地方质检部门报送的厂商申报材料，国家质检总局要进行审核，审查合格的予以注册登记，发布批准使用公告，对符合使用条件的厂商颁发"地理标志产品专用标志使用证书"。

（六）对地理标志产品保护的监督管理

我国采用属地管理和级别管理原则对地理标志产品进行监管，产品所在地的质检部门对专用标志的印刷、使用和发放等进行日常监管，并监控地理标志产品的保护范围，对产品的原材料、生产环境、生产设备、产品标准销售等环节进行质量监控；省级质检机构和直属检验检疫局负责本辖区内地理标志产品保护的协调和监督工作；国家质检总局统一负责全国的地理标志产品保护与监督管理工作。

（七）地理标志产品的保护期限

对于地理标志产品的保护期限，国家质检总局的《规定》和《细则》均没有明确的规定，那么就可以推定其永久有效。对于地理标志产品专用标志的使用期限，《细则》规定了专用标志的使用有效期为 5 年，有效期届满前 6 个月，使用者可向当地质检机构申请，省级质检机构报总局管理机构审核备案。审核不合格的，取消使用专用标志的资格；到期不申请的，使用资格自有效期限届满时终止。

（八）地理标志产品的申报人、专用标志使用人的权利义务

1. 享有按照规定使用地理标志专用标志的权利

获准使用专用标志的经营者，可以将专用标志加贴或吊挂在产品或包装物上；也可以印制在包装物或产品标签上，具体印制工作要由当地质检机构指定印刷企业，监督印刷，并将印刷数量登记备案；对于特殊产品，应根据实际情况或申请人要求，采用相应的标示。

2. 按照标准生产产品和使用专用标志的义务

获准使用专用标志的生产者，要按照相应的标准和管理规范组织生产，否则国家质检总局将注销其专用标志的注册登记；此外，《规定》第23 条还规定了地理标志产品使用专用标志的义务，如果连续 2 年未使用的，国家质检总局可以停止其使用资格。

（九）外国人在我国申请地理标志产品的相关规定

《规定》附则第 26 条规定，对国外地理标志产品的注册予以保护，其具体办法另行规定。

综上所述，我国地理标志产品的保护的具体程序为：申报→地方质检局初审→国家质检总局受理→审核批准→建立技术标准体系→专用标志申报→专用标志注册登记→监督管理，表 2—2 是各个阶段的流程和具体任务的总结。

表 2—2　我国地理标志产品的保护程序

工作阶段	工作部门	工作流程
一、申报准备阶段	相关申请机构及产品所在地县级以上质量技术监督局	（1）地方政府成立申报机构，提出拟划定地理标志产品保护范围的建议 （2）相关部门组织申报材料 （3）整理现行针对该申报产品的标准或技术规范
	相关申请机构及产品所在辖区检验检疫局	（1）政府授权出口企业申请 （2）整理现行针对该申报产品的标准或技术规范

续表

工作阶段	工作部门	工作流程
二、初审阶段	直属检验检疫局、省级质量技术监督局	(1) 对申报机构提出的建议和申报材料进行初审 (2) 向国家质检总局科技司提交初审意见
三、受理阶段	国家质检总局和专家委员会	(1) 对申请进行形式审查 (2) 专家委员会初审 (3) 发布受理公告 (4) 受理异议
四、审核批准阶段	国家质检总局	(1) 评审准备 (2) 评审 (3) 2个月异议期满无异议组织召开专家审查会 (4) 发布批准公告 (5) 发证
五、地理标志产品技术标准体系的建立	当地质检机构 省级质检机构 国家质检总局管理机构	(1) 当地质检机构根据总局批准公告中的质量技术要求，制定地理标志产品生产全过程的技术标准体系 (2) 标准体系完善后，由当地质检机构向总局管理机构指定的机构备案，该机构对该标准体系与公告的一致性等进行审核
六、专用标志申报阶段	当地质检机构	(1) 生产者向当地质检机构提出使用专用标志申请，提交相关材料 (2) 当地质检机构报总局科技司
七、专用标志注册登记阶段	国家质检总局	(1) 审查专用标志的申请企业的相关材料 (2) 注册登记，发布批准专用标志使用公告 (3) 颁发"地理标志产品专用标志使用证书"

续表

工作阶段	工作部门	工作流程
八、监督管理阶段	产品所在地质检部门	（1）负责专用标志的印制、发放、使用的监督 （2）对地理标志产品保护范围实施监控 （3）对生产数量实施监控 （4）实施从原材料到销售各环节的日常质量监控
	直属检验检疫局、省级质量技术监督局	负责管理协调本辖区的地理标志产品保护工作
	国家质检总局	统一管理全国地理标志产品保护工作

三、我国地理标志产品保护的实践探索和现状

截至 2015 年 12 月底，国家质检总局共对 1981 个产品进行了地理标志产品的专门保护，保护的产品涉及白酒、葡萄酒、黄酒、茶叶、花卉、林产品、水果、工艺品、中药材、肉制品、调味品、水产品等众多类别。随着地理标志产品保护工作的推进，相关产品的经济效益得到了大幅提升，据统计平均提高了 20% 以上。

此外，国家质检总局还非常重视外国地理标志在我国的注册和保护。现在越来越多的国家开始积极推动本区域的产品直接在我国进行地理标志注册，如 2015 年 5 月，法国波尔多（Bordeaux）在北京召开了地理标志保护注册技术审查会，国家质检总局的专家对波尔多在我国保护的产品名称、特色、产地范围等进行审查后给予注册，成为法国在中国注册的首个葡萄酒类地理标志产品。迄今为止，我国质检部门共批准了美国、欧盟、墨西哥、秘鲁等境外 18 个产品获得在华地理标志产品保护；中国 10 个地理标志产品也获得了欧盟保护，22 个地理标志产品获得了秘鲁的保护。其中，中国与欧盟的地理标志互认在国际社会引起了巨大的反响，被认为是专门法保护模式下地理标志双边保护合作的成功范例，WTO 秘书处在"WTO 信息汇编（第 21/060 期）"中收录了中欧"10+10"试

点项目成果，表明了国际社会对我国地理标志产品保护模式的认可，中国也借此向国际社会彰显了保护及履行知识产权国际保护义务的良好形象。

四、我国地理标志产品保护制度的综合评价

（一）我国地理标志产品保护制度的优点

相较于商标法模式，我国地理标志产品保护制度可以给地理标志提供更高水平的保护。不论是从最早的法国保护原产地名称的立法，还是欧盟第 2081/92 号指令的有关规定，❶ 抑或相关的国际公约立法来看，对地理标志保护的专门立法保护水平要高于商标法提供的保护。如欧盟第 2081/92 号指令，排除了任何误导公众的可能性，即使添加了否定性的词语，仍不能使用该地理标志。在此，应对"误导性"做扩大解释，在此可以适用商标法的"联想理论"，即只要存在使公众认为该产品和受保护的地理标志产品之间有关联的可能，就可视为有"误导性"，❷ 即"误导性"不仅包括"直接混淆"，还包括"间接混淆"。TRIPs 协议第 23 条对烈性酒和葡萄酒也有类似规定，这些都给地理标志提供了更高水平的保护。但集体商标或证明商标却无法提供这种高水平的保护，如"桂林米粉"虽然注册了证明商标，只要桂林个人、企业生产、经营的米粉符合该地理标志的条件，都可以申请使用该证明商标，商标注册人不得拒绝；且还可以在其产品或包装上使用"桂林"字样，以表明其厂址所在地，如此便自然会淡化证明商标的"显著性"。因此，对于原产地特征突出、地域性自然因素和人文因素明显的产品，通过专门的地理标志法保护则更为有利。此外，有些国家将地理标志与原产地证书制度结合起来，

---

❶ 欧盟第 2081/92 号指令禁止出于商业目的在未经注册的商品上直接或间接地使用注册的名称，即使位于注册区域的生产商，如果其产品（如成分、生产工艺等）不符合注册规范，也不能使用该地理名称。该指令还禁止滥用、仿冒及误导性使用地理名称，即使注明了产品的真正来源地，或使用其译名，或在使用的同时附注诸如"风格""类型""方法""如同产于（某地）""仿制品"等类似的词句也在禁止之列。

❷ 张玉敏："保护地理标志的意义和模式选择"，载《法学杂志》2007 年第 11 期。

对地理标志产品的进口给予税收优惠，如法国、智利等国均采用该模式。但是商标主要的功能是区别同类产品的不同提供者，很难与原产地优惠证书结合起来。因此，在国内外贸易中，相对于商标法保护模式，专门的地理标志保护制度有其独特的优势。

（二）我国地理标志产品保护制度存在的问题分析

1. 我国适用公权力保护地理标志产品的色彩比较浓厚

经过特定地域历史人文因素的积淀，地理标志产品才能逐步形成。其他地区的经营者很难通过模仿生产工艺、虚构人文传统、提高产品质量等方式取得。商标权是典型的民事权利，商标的专用权属于注册人，商标注册人可以转让商标权。虽然集体商标和证明商标具有"公共物品"的属性，符合条件的经营者均可以申请使用，但本质上商标权还是属于私权，国家对其申请、使用的管理较松。而地理标志产品权则具有更多的公权属性，无论是地理标志产品的申请、登记注册，还是地理标志产品标准或技术规范的制定、专用标志的批准审查等均由质检部门实施，整个过程经历多个行政审批程序，且专用标志实质上由国家质检部门持有。❶ 这与该制度借鉴法国式原产地名称模式有关，在法国及欧盟，随着 AOC 制度（原产地名号控制制度）的建立和推广，原产地名称首先表现为一种命名和使用的管理制度，也只有那些获得批准并受到严格质量控制的经营者才能使用原产地名称。在此意义上，原产地名称更多地体现出知识产权产业政策的一面，体现了公权力的特征，知识产权的私权属性无法发挥出来。

2. 地理标志注册商标与地理标志产品之间有矛盾

含有地理标志的注册商标与地理标志产品保护之间的矛盾，是当前我国地理标志保护工作混乱最典型、最集中的表现。由于《商标法》对善意注册的商标继续有效，这使得在我国存在着大量的含有地理标志的普通商标，而后国家质检总局又受理了地理标志产品保护。由于商标注册是由国家工商总局商标局负责实施，而地理标志产品是由国家质检总

---

❶ 刘松梅："我国地理标志产品保护中存在的问题及对策"，载《中国商界》2010 年 5 期。

局负责实施，因此，同一地理标志名称，就会存在既注册了地理标志商标，又获得了地理标志保护产品登记的情形，由于实践过程中的权利主体不同，两者之间必然会出现许多矛盾与冲突问题，最典型的如金华火腿❶、东阿阿胶❷等。这些矛盾只能通过制度层面或操作层面加以协调，但由于各种各样的原因，目前尚未得到解决，矛盾依旧。

另外，由于地理标志保护产品模式与商标法模式的并存，造成了地理标志行政管理体制的冲突，使得机构之间权限重叠。国家工商总局和国家质检总局在履行各自职责时，不可避免地出现争夺管理权、权责不清、推诿扯皮、重复审批、管理混乱等问题，严重阻碍了地理标志保护工作的有序进行，造成行政资源的严重浪费。

第三节　中国地理标志的农产品地理标志保护制度

一、我国农产品地理标志保护制度的简要历史

我国有关农产品地理标志的规定最早来源于 2002 年修订的《农业法》第 23 条，即符合规定产地及生产规范要求的农产品可以申请使用农

❶　金华火腿是浙江省金华市的传统名特产品，历史上金华火腿的生产地域一直限制在旧金山府属八县，成为金华的招牌产品。但是，由于历史原因，"金华火腿"在 1979 年注册为普通商标，经过多次转让，最终归属于浙江省食品公司，而该公司每年从金华所属县市的各火腿厂、外地厂家收取近百万元的商标使用费。金华人认为自己的传统名特产品和商标为他人所控制，因此便与浙江省食品公司进行了一场旷日持久的论争，主张行使自己的地理标志权。2003 年，国家质检总局批准对"金华火腿"实施原产地域产品保护。但是，原产地保护与商标权保护的冲突问题并没有解决，同年，就在多家金华企业放心使用"金华火腿"字样的时候，浙江省食品公司以商标侵权为由同时起诉和举报了众多金华火腿企业。因为省食品公司坚持商标法是上位法，原产地保护只是部门规章。浙江省食品公司连续向浙江省内外工商部门举报，并以工商部门如不查处就起诉行政不作为为由施加压力，杭州、宁波、苏州、上海等地的工商部门因此组织开展了大规模专项检查，给金华市的火腿生产带来重创。据不完全统计，不到半个月，金华市有近 30 家企业生产的各种商标的火腿被查封，被扣押商品货值近 3000 万元。金华市火腿企业的生产销售近乎瘫痪。直到 2007 年"金华市金华火腿"作为证明商标成功注册，才结束了这场二十年的商标纷争。参见朱鬼鬼："金华火腿商标 20 年诉争始末"，载《金华日报》2007 年 12 月 19 日。

❷　2002 年，"东阿阿胶"被国家质检总局认定为原产地保护标记，而东阿阿胶集团对此提出异议，他们认为东阿阿胶虽然因出自东阿而出名，但其独特的品质并不取决于东阿县的地理环境，而是取决于该集团集古今智慧而独创的生产工艺，原产地标记的认定侵犯了其"东阿阿胶"的注册商标权。

产品地理标志。❶ 此后，2006 年颁布的《农产品质量安全法》第 32 条规定，农产品质量符合国家规定标准的，可以申请使用相应的农产品质量标志。2007 年 12 月，农业部发布了第 11 号令，颁布了《农产品地理标志管理办法》（以下简称《管理办法》），次年 2 月开始实施。至此，农业部系统开始启动农产品地理标志登记工作。后来为了配合管理办法的实施，农业部又颁布了《农产品地理标志产品品质鉴定规范》《农产品地理标志产品名称审查规范》《农产品地理标志使用规范》等 20 多个配套性法律规范，对申请人资质、质量控制技术规范、产品品质鉴定、标志使用、检测机构管理等各个环节进行了明确的规定。目前，农产品地理标志保护制度规范已经配套齐全，对促进我国地理标志的保护起到了积极的作用。

二、我国农产品地理标志保护制度简要介绍

（一）农产品地理标志保护的范围

《管理办法》第 2 条对农产品地理标志进行了界定。首先，该办法所称的农产品仅指来源于农业的初级产品，根据百度等网站的解释，初级农产品是指种植业、畜牧业、渔业未经加工过的产品，包括烟叶、毛茶、瓜果蔬菜、食用菌、药材、花卉苗木、粮油作物、牲畜、禽、兽、爬虫、昆虫、两栖动物、林产品、水产品、其他植物等。其次，对农产品地理标志进行了界定，该界定采用了"农产品＋地理标志"的解释方式，对"地理标志"的表述借鉴了 TRIPs 协议第 22 条的规定，并和我国《商标法》和《地理标志产品保护规定》保持一致。因此，相较于前两种保护模式，农产品地理标志保护的范围较窄，仅限于初级农产品。

（二）申请农产品地理标志的条件

申请农产品地理标志，需要符合规定的形式条件和实质条件，《管理

---

❶ 《农业法》（2002 年）第 23 条规定，国家支持依法建立健全优质农产品认证和标志制度。符合国家规定标准的优质农产品可以依照法律或者行政法规的规定申请使用有关的标志。符合规定产地及生产规范要求的农产品可以依照有关法律或者行政法规的规定申请使用农产品地理标志。

办法》第7条对此进行了详细的规定，❶ 以下是对规定条件的详细解读。

　　首先，该条首次规定了地理标志的命名规范，即"地理区域名称＋农产品通用名称"，相比《商标法》和《地理标志产品保护规定》，这种命名更具有可操作性。随后 2009 年农业部下发了《农产品地理标志产品名称审查规范》（以下简称《审查规范》），该《审查规范》规定地理区域既可以是行政区划名称包括市县、乡镇等（如北京、桂林、映秀），也可以是自然区域名称包括山、河、湖等地理实体名称（如黄山、漓江、五大连池），还可以是特定地理位置指向性的名称包括桥名、井名等（如赵州桥、龙井）。"农产品通用名称"，是指当地经过历史沉淀已约定俗称的产品名称，与该产品的动植物学中的概念不同，主要包括两类：一是分类性名称，可以是大类（如梨），也可以是具体的品种（如白梨、沙梨、水晶梨、酥梨）；二是特征性名称，即可以在分类性名称上加上附加产品的颜色、形状、生长周期、风味、生长环境等方面的修饰语，如红、大、春、甜、旱、高山等。根据以上命名规则，目前我国就有"会泽宝珠梨""泸西高原梨""礼泉小河御梨""灌阳雪梨""库尔勒香梨""延边苹果梨""宁陵金顶谢花酥梨"等 20 余件梨类农产品地理标志。

　　其次，农产品地理标志更注重生态环境因素。相比国家质检总局规定的地理标志保护产品的条件，农产品地理标志增加了"生态环境"的要素，表明该地理标志权更注重产品的生态环境因素；同时不同于国家质检总局的"安全、环保、卫生"要求，该《管理办法》规定了产品要"符合国家强制性技术规范"的要求。

　　最后，有关产品生产范围，该《管理办法》规定了要有限定的生产区域范围。对于农产品地理标志产品而言，经常存在着实际生产区域范围与地理区域名称所辖范围不一致的问题，审查规范也做出了相应的规定，既可以是大地名小范围，即农产品限定的生产区域范围小于该地理区域名称所辖范围，如"柳城蜜橘"保护的生产区域范围不是柳城县全

---

❶ 《农产品地理标志管理办法》第7条规定，申请地理标志登记的农产品，应当符合下列条件：（一）称谓由地理区域名称和农产品通用名称构成；（二）产品有独特的品质特性或者特定的生产方式；（三）产品品质和特色主要取决于独特的自然生态环境和人文历史因素；（四）产品有限定的生产区域范围；（五）产地环境、产品质量符合国家强制性技术规范要求。

境，而是该县的某些乡镇；也可以是小地名大范围，即农产品限定的生产区域范围大于该地理区域名称所辖范围，如广西的"涠洲黄牛"保护的生产区域不仅包括涠洲岛，还包括北海市的斜阳岛等。总之，两者之间的关系核定的基本原则是尊重历史和现实，保证产品品质与产地的一致性，要在该产品的地理标志质量控制技术规范中予以明确。

（三）申请人

《管理办法》第8条规定了农产品地理标志登记的申请人为农民专业合作经济组织、行业协会等组织。申请人应具备以下条件：（1）具备监督和管理农产品地理标志的能力；（2）能够在生产、加工、营销等方面为农产品地理标志提供指导服务；（3）能独立承担民事责任。如果有多个组织符合以上条件，则由县级以上人民政府从中择优选取。

（四）农产品地理标志的登记程序

1. 提出登记申请

符合上述条件的申请人向省级农业行政主管部门（一般为省/自治区农业厅或者直辖市农业局）提出登记申请，并提交以下申请材料，具体申请材料参见管理办法第9条。❶

2. 初步审查

对申请文件的初步审查由省级农业行政主管部门负责，并需要进行现场核查。经过初步审查合格后，省级农业主管部门要将初审意见和申请材料上报农业部农产品质量安全中心；如果初步审查后不符合条件的，省级农业主管部门应将初审意见和建议通知申请人。

3. 农业部评审

（1）专家评审。收到地方上报的申请材料和初审意见后，农业部农

---

❶ 《农产品地理标志管理办法》第9条规定，符合农产品地理标志登记条件的申请人，可以向省级人民政府农业行政主管部门提出登记申请，并提交下列申请材料：（一）登记申请书；（二）申请人资质证明；（三）产品典型特征特性描述和相应产品品质鉴定报告；（四）产地环境条件、生产技术规范和产品质量安全技术规范；（五）地域范围确定性文件和生产地域分布图；（六）产品实物样品或者样品图片；（七）其他必要的说明性或者证明性材料。

产品质量安全中心将对申请材料进行再次审查，如果审查通过则组织专家评审。农产品地理标志登记评审委员会具体承担专家评审工作，该委员会成员由种植业、渔业、畜牧业和农产品质量安全方面的专家组成，并对评审工作独立做出并对评审结论承担责任。（2）公示及异议。经委员会专家评审通过的，由该中心代表农业部向社会公示，有关单位及个人可以在规定期限内提出异议，委员会对异议进行审核。

4. 登记及公告

专家评审后无异议的，或者异议审核不成立的，农业部做出登记决定并予以公告，并公布该产品的技术规范和标准，并向申请人颁发"农产品地理标志登记证书"。

（五）农产品地理标志的使用

《管理办法》第14条规定了农产品地理标志公共标识的图样、具体标注制度。公共标识如图2—4所示，该公共标识基本图案由地球、麦穗、日月图案等元素组成，基本色彩为绿色，还有少许橙色，另加我国农业部中英文字样、农产品地理标志中英文字样。标注使用时，公共标识要与农产品地理标志产品名称相结合，具体管理办法见农业部制定的《农产品地理标志使用规范》。首先，由申请人向登记证书持有人提出申请，并提交规定的证明材料；其次，经审核后符合使用条件的，由双方签订农产品地理标志使用协议，在协议中要载明标志使用数量、范围及相关责任；最后，协议生效后，标志使用人便可以在产品或包装上使用该标志，并可以进行展览、宣传、展销等活动。同时负有接受证书登记人的监督检查、保证产品质量和信誉、规范使用证书等义务。

农业部农产品
地理标志公共标识

"泰山绿茶"农产品
地理标志专用标识

图2—4　农产品地理标志公共标识

（六）农产品地理标志的监督管理

农产品地理标志的监督管理一般适用"属地管理"原则，县级以上农业主管部门负责对当地农产品地理标志的监督管理工作，要定期对登记的农产品地理标志的使用情况、生产的地域范围进行监督检查。登记证书持有人负有定期报告义务，要定期向县级以上农业主管部门报告该农产品地理标志使用情况。经营农产品地理标志的市场主体要建立质量控制追溯体系，还要建立标志使用档案，且档案要至少保存 5 年。证书持有人和标志使用人要对登记的地理标志农产品质量和信誉负责，且不得超范围使用登记的农产品地理标志。

（七）国外农产品在中国的登记

《管理办法》第 24 条规定，农业部接受外国农产品在我国的农产品地理标志登记申请，并予以保护，具体办法另行规定。

综上所述，我国农产品地理标志保护的具体程序为：申报→省级农业主管部门初审、现场核查→农业部农产品质量安全中心受理→专家评审→公示和异议→登记和公告→农产品地理标志公共标识使用申报→签订使用协议→监督管理，表 2—3 是各个阶段的流程和具体任务的总结。

表 2—3　我国农产品地理标志保护工作程序

工作阶段	工作部门	工作流程
一、申报准备阶段	农民专业合作经济组织、行业协会等组织	（1）提供县级人民政府出具的资格确认文件 （2）科学合理地确定申请登记的农产品地域范围，提供地域分布图 （3）出具地域范围确定性文件 （4）制定相应的质量控制技术规范 （5）提供拟申报产品的品质鉴定报告
二、初审阶段	省级农业行政主管部门	（1）对申请人的申报材料进行审查，提出审查意见 （2）现场核查 （3）提出初审意见

续表

工作阶段	工作部门	工作流程
三、受理阶段	农业部农产品质量安全中心	（1）对申请进行形式审查 （2）必要时组织并实施现场核查 （3）农产品地理标志登记专家评审委员会进行评审 （4）评审通过后，予以公示 （5）受理异议
四、审核批准阶段	农业部	（1）颁发登记证书并公告 （2）公布登记产品的质量控制技术规范
五、农产品地理标志使用的申请	申请人、农产品地理标志登记证书持有人	（1）申请人提交材料：使用申请书、经营者资质证明、生产经营计划、相应质量控制措施、规范使用标志的书面承诺、其他必要的证明文件和材料 （2）签订农产品地理标志使用协议
六、监督管理阶段	农产品地理标志证书持有人	（1）建立规范有效的标志使用管理制度 （2）农产品地理标志使用人应建立标志使用档案，并接受登记证书持有人的监督 （3）生产经营者应当建立质量控制追溯体系
	县级以上农业行政主管部门	定期对当地登记的地理标志农产品的地域范围、标志使用情况等进行监督检查
	农业部	负责全国农产品地理标志的登记工作

三、我国农产品地理标志保护的实践和现状

农产品是我国地理标志制度保护的主要对象。此前，对地理标志的保护一直存在着工商和质检两套系统，在注册和使用监管方面不可避免地出现一些疏漏，为此，许多农业生产经营者感到困惑并怨言不断。而农业部门认为他们对农产品的地理标志进行认证和管理的效率更高，因

为他们在农业管理过程中对特定区域产品的地域范围划定、品质特征确定、生产过程监控方面相比其他两个部门更有优势，且在实践中引起的纷争也会较少。因此，2007年，农业部颁布了《农产品地理标志管理办法》，该管理办法是我国农业部专门针对农产品地理标志保护制定的部门规章，规定了具体的登记认证程序，并从初审、审查、登记、使用规范等各个方面进行了制度安排与规范。

我国幅员广阔，不同区域气候条件差异较大，地理环境也是复杂多样，客观上决定了我国各地盛产特色农副产品。农产品地理标志制度的建立，可以在一定程度上消除我国人多地少、生产规模小、标准化与品牌化低等问题，可以将品牌、行业协会（或农村经济合作组织）和个体分散农户联系整合起来，实现"农产品地理标志＋农村专业合作组织＋农户"的新型农村产业模式。在该模式的主导下，出现了"百色芒果"（广西）、"柴达木枸杞"（青海）、"诺邓火腿"（云南）、"眉县猕猴桃"（陕西）、"天目山白茶"（江苏）、"章丘大葱"（山东）等具有较高知名度的农产品地理标志，有力地促进了农业生产的专业化、产业化和规模化。此外，当前我国很多农产品品种单一、品质不高、产业结构不合理、低端产品多、加工深度不够，农产品地理标志制度的实施推动了我国农产品生产的标准化、品牌化和质量管理的统一，如"章丘大葱"登记为农产品地理标志后，当地推广标准化种植和规模化生产，两年时间内产品单价增加2~5倍，种植面积扩大了1倍。截至2015年12月底，我国共登记了农产品地理标志1612件，农产品地理标志保护制度在保护一定区域内农业生产者的利益、调整农村产业结构、提高农民收入、促进农村经济社会的发展等方面，起到了重要作用。

四、我国农产品地理标志保护制度的简要评价

（一）农产品地理标志保护制度的优点分析

地理标志不仅是一个简单的用于区别产品不同产地的识别标记，同时也代表一种特定的品质特征和声誉。而目前我国商标法模式更关注地理标志注册商标权的私权属性，无法从制度本身或者配套措施上保证产

品的声誉和质量，另外商标法模式也无法解决地理标志的抢注与已注册的地名商标的冲突等问题。我国质检部门对地理标志的保护依据的是部门规章，对假冒地理标志等行为的查处力度不如工商部门，还存在着缺乏实质审查就发证的情形，尤其是最近几年质检系统的一系列重大失误也降低了质检部门地理标志产品专用标志的公信力。相比工商部门和质检部门，农业主管部门在农产品质量特殊品质的鉴定、产品地域分布划定、农产品质量监控等方面比较熟悉和便利，对农产品的地理标志认证和管理效率较高。另外，农产品地理标志保护制度对地理标志自身的生存和发展、为新的地理标志的培育和成长提供了制度保障和良好的生存环境，也为未来我国完善地理标志注册簿，制定统一的地理标志保护法等提供了经验和范本。

（二）农产品地理标志保护制度存在的问题

首先，保护农产品地理标志所依据的法律效力层次较低。地理标志集体商标或证明商标的保护，是适用《商标法》的规定，是典型的知识产权保护模式；与地理标志商标保护模式相比，农产品地理标志保护适用的是《农产品地理标志管理办法》，该管理办法属于行政机构的部门规章，效力等级较低。虽然农产品地理标志权利性质属于"与商标权并列的地理标志权"，但其在经济市场中的认同感远不如商标权。且从权利的属性来看，农产品地理标志保护和我国地理标志产品保护制度类似，也是源于对法国原产地名称保护模式的借鉴。和欧盟对农产品和食品地理标志保护制度类似，农产品地理标志首先表现为命名和使用的管理制度，只有经过登记命名的名称才能成为农产品地理标志，也只有具有严格质量控制能力的经营者在获得批准后才能使用农产品地理标志的名称。在此意义上，农产品地理标志更多地体现出发展农业的产业政策，公权力的特征表现较多，其本来应有的知识产权的私权属性则无法充分发挥，自然会阻碍产权的流转。

其次，质量监督机制的缺失制约了产品地理标志产业的发展。与质检部门相比，农业行政管理部门的质量监督能力偏弱。虽然申请农产品地理标志时要求制定生产及产品的质量技术规范，但在面对当前各地政府发展农村经济的高涨热情和广大农民脱贫致富的急切心情时，这些质量技术规范或者产品标准难以得到应有的遵守。当前我国农产品市场上存在着诸多伪劣农产品、农产品地理标志权利人管理不规范、产品粗制滥造、以次充好、生产环境污染严重、农产品农药超标、农产品重金属超标、特色农产品独特品质逐步消失等问题，严重影响到了农产品地理标志的声誉。

再次，在保护农产品地理标志的执法方面存在着障碍。和质检部门相似，虽然农业部可以依据自己制定的部门规章对农产品地理标志进行登记和管理，但由于缺乏法律层次上的依据，执法方面也存在着很大的障碍，现阶段农业部门只能对农产品的生产流程进行"行政执法"，远不及工商部门对假冒商标、商标侵权行为的查处力度，且当与商标法发生冲突时，其合法性是存在问题的。

最后，农产品地理标志命名采用的是"地理区域名称＋农产品通用名称"的方式，在实践中出现了诸多问题。（1）属于同一类产品或者同一种产品，却难以统一"地理区域的名称"级别，农产品地理标志命名中存在着以市、县、乡镇等不同行政区划名称的现象。如"梧州砂糖橘"（梧州是市级行政区划）与"西林沙糖橘"（西林是县级行政区划），"灵山荔枝"（灵山是县级行政区划）与"麻垌荔枝"（麻垌是乡镇行政区划）。（2）同一种产品，农产品地理标志命名时的"农产品通用名称"不统一。如广西农产品地理标志中存在着"靖西大香糯"与"上思香糯"，"梧州砂糖橘"与"西林沙糖橘"，"上林大米"与"东津西米"等问题。甚至有些产品品种存在上下位的隶属关系，以不同品种命名的农产品地理标志会必然会引起社会公众的争议。如广西玉林市容县申请了"霞烟鸡"农产品地理标志，广西贺州市八步区申请了"新都三黄鸡"农产品地理标志，事实上霞烟鸡属于三黄鸡的一种品种，如此一来肯定会使消费者产生混淆。（3）农产品地理标志作为与商标权相平行的知识产权类型，也应该有一定的识别性和显著性，但因为我国很多地方在农产品地理标志的命名过程中，出现了诸多名称不具有显著性和识别性的问题，使消费者产生了混淆，也不利于产品的销售。如广西贵港市申报了"白石山铁皮石斛"农产品地理标志，通过百度搜索发现江苏南京、浙江宁波、广东怀集、河北涞源、安徽庐江、广西桂平等地均有"白石山";再有广西钦州市获得了"灵山香鸡"农产品地理标志,百度搜索显示我国存在着广西钦州灵山县、江苏无锡灵山大佛、广东广州灵山镇、北京门头沟灵山风景区、广东潮阳灵山寺等诸多与"灵山"有关的地名和风景区。这些都会淡化农产品地理标志的声誉,长此以往,不利于特色农副产品的品牌积累。

第四节　中国地理标志不同保护制度的比较分析及评价

一、我国不同模式下地理标志保护的特点与区别

通过以上章节的论述,我们发现当前我国不同模式下的地理标志保护存在着诸多区别,表2—4是具体分析。

表2—4　我国三种地理标志保护模式比较

	地理标志商标	地理标志保护产品	农产品地理标志
保护部门	国家工商总局商标局	国家质检总局	农业部
权利性质	商标权	与商标权并列的地理标志权	与商标权并列的地理标志权
申请人	地理标志标示地区范围内的成员组成的团体、协会或其他组织	当地县级以上人民政府指定的地理标志产品保护申请机构或协会和企业	县级以上地方人民政府确定的农民专业合作经济组织、行业协会等组织
权利能否转让	可以	不能	不能
保护期限	10年,期满可续展,续展不限次数	长期有效,未按规定使用将注销登记	长期有效,违反使用规定将注销登记
标志	中国地理标志(GI)+注册的集体商标(或证明商标)	地理标志保护产品专用标志(PGI)	农产品地理标志专用标志

续表

	地理标志商标	地理标志保护产品	农产品地理标志
标志使用的监督管理	商标注册人	各地质检部门	各地县级以上农业行政管理部门
可保护的产品类别	各种产品	各种产品	初级农产品
保护目标	证明产品具有某种品质、来源或特征	规范地理标志产品名称、规范专用标志的使用，保证地理标志产品的特色和质量	规范农产品地理标志的使用，保证地理标志农产品的品质和特色
审核制度	主要是形式审核	形式审核＋技术审核	形式审核＋技术审核

二、我国不同模式地理标志保护制度存在的问题与对策

（一）我国不同模式下地理标志保护制度存在的主要问题

我国是一个地理标志资源非常丰富的国家，各类名特优农副产品的市场潜力非常大，我们必须采取有效模式对此保护。但实践中却存在着三个部门，适用不同的法律法规进行共管的问题，这在某种程度上不仅没有加强对地理标志的保护，反而会阻碍对地理标志的保护。地理标志的申请人也会因面对多套法律而产生困惑，感到无所适从，某些申请人不得已多措并举，同时在不同的系统中申请多个地理标志。这不但给申请人增加了不必要的负担，而且容易产生权利冲突，引起不必要的争议纠纷，还使消费者产生混淆。表2－5以广西为例，列举了申请人在不同系统下申请的相同或近似的地理标志。❶ 此外，保护模式的不同，也决定了很难对某一地理标志产品实现"从源头到餐桌"的全程监管，当前只能按照"谁发证，谁监管"的质量监管模式，大大降低了政府对产品

---

❶ "田东"和"田阳"是百色市下辖的两个县，"西山"即为"桂平西山"。

质量的监管效率，也是当前农产品质量安全堪忧的原因之一。

表2-5　广西部分地理标志在不同系统下的申请情况

地理标志注册商标名称 （国家工商总局商标局核准）	地理标志保护产品名称 （国家质检总局批准）	农产品地理标志产品名称 （农业部登记）
荔浦芋头	荔浦芋	
恭城月柿	恭城月柿	恭城月柿
永福罗汉果	永福罗汉果	
阳朔金桔	阳朔金桔	
巴马香猪	巴马香猪	
田阳香芒	田东香芒	百色芒果
横县茉莉花茶	横县茉莉花茶	
昭平银杉茶		昭平银杉茶
	西山茶	桂平西山茶

（二）完善我国地理标志保护制度的路径选择

首先，从近期目标来看，要加强不同部门的协同保护。根据国务院的"三定"方案，农业部负责初级农产品的审查登记工作，质检部门对生产领域的监管予以负责，工商部门负责流通领域的监管。虽然在不同的保护模式下，各个部门各司其职，但难免会出现权力交叉与监管空白的领域，因此，在协同论思想的指引下，三个部门应通力合作，实施协同监管，同时加强行业协会的自律监管。三个行政部门还应该建立地理标志公共信息平台，努力构建信息共享机制，为未来我国建立完善的地理标志管理制度提供过渡，如质检部门的产品质量监督信息要及时反馈给实施地理标志商标保护的工商部门，如属于农产品地理标志还应及时通知农业部门；同样，如果在商品流通环节中地理标志产品出现质量问题，工商部门也应该积极反馈给质检部门和农业部门。在地理标志的行政执法领域，为了突出地理标志的知识产权权利性质，建议由工商部门牵头，会同知识产权局、质检和农业等部门，指导当地的地理标志注册人和使用人规范使用和管理不同类别的地理标志专用标识，加大查处力度，适时开展专项整顿工作，切实维护地理标志权利人的合法权益。事实上，我国政府也意识到了该问题并着手予以解决，如 2011 年，中央编办曾经印发了《关于完善地理标志保护管理体制机制的意见》，提出三个部门要在"便利申请、加强保护、统一对外"的原则下，在现有分工的基础上整合业务流程，三部门要建立部级联席协调机制，要建立联合认定机制，对地理标志的申请应统一受理，最后各部门按照不同职责从不同角度进行审核，并在此基础上共同发布审核结果，要统一标识的使用与管理，在对外谈判中要协调谈判立场和方案，在保护环节中发挥各自优势分别承担地理标志保护相关工作。但是，目前实质性的机构整合还没有开展，很多部门之间的利益冲突与协调悬而未决。

其次，从中期目标来看，要建立中国地理标志注册簿制度。包括葡萄酒和烈性酒的国际地理标志多边注册制度的建立和效力问题，在当前和今后一段时间都是国际社会地理标志谈判的重要议题之一。对于葡萄酒和烈性酒的地理标志多边注册的效力，欧盟与美国根据各自的利益存在着较大的分歧，欧盟主张建立类似于《里斯本协定》所规定的国际注册制度，当事人向 WTO 秘书处提出地理标志的注册申请，秘书处负责将材料及名单通知所有成员方，成员方应在一年内根据 TRIPs 协议的规定给出反对或同意的决定，一旦同意注册就应当给予保护，因此地理标志的多边注册具有法律效力；而美国则不赞成建立多边注册制度，因为美国主要采取商标法的模式对地理标志进行保护，并提出即使建立这种制度也只具有信息通报功能。WTO 秘书处建立的是葡萄酒和烈性酒的地理标志的数据库（或数据汇编），而不是注册体系，WTO 成员方根据本国立法做出承认和保护决定时可以查询此数据库以及其他信息来源，多边体系只具有信息交换的作用，没有任何法律上的效力。虽然在此问题上的谈判进展不大，但各方均有努力并取得了一定的效果，如欧盟委员会于 2011 年批准了"欧洲议会和理事会关于农产品质量计划的法规提案"，在该法案中有"受保护的原产地名称和受保护的地理标志"部分，规定了"原产地名称和地理标志注册簿"的注册规定，一旦登记在欧盟的原产地名称或地理标志注册簿，就会受到欧盟所有成员国的高水平专门保护。因此，从中期目标看，我国应在不同的模式下分别建立"中国

集体商标/证明商标地理标志注册簿"（国家工商总局）、"中国地理标志
保护产品注册簿"（国家质检总局）和"农产品地理标志注册簿"（农业
部），并且三个注册簿都应该公开，可供不同市场主体查询。考虑到欧盟
对原产地名称和地理标志保护水平的差异问题，并考虑到与欧盟注册簿
的衔接问题，未来我国地理标志的权利人还应考虑"以原产地名称还是
地理标志"向欧盟提出注册申请。❶

　　最后，从远期目标来看，要制定中国的地理标志法。对于地理标志
的专门保护，应结合我国国情，借鉴法国等欧盟国家的经验，尽早制定
专门的地理标志保护法，应明确地理标志的权属分配关系，建立或者确
定专门的地理标志管理部门。通过制定专门的地理标志保护法，调整
《商标法》《地理标志产品保护规定》《农产品地理标志管理办法》三部法
律法规之间的冲突，消除工商部门与质检部门、农业行政管理部门之间
的权力重叠与效率低下问题，在更高、更广的层面对我国的地理标志进
行保护。早在 2008 年，吴汉东教授承担的国家社科基金"完善我国知识
产权制度研究"课题组就曾经草拟出《"地理标志法"建议稿》，主要内
容有立法目的、保护对象、权利的产生、注册的效力、地区内生产者的
使用权、地理标志的撤销及无效、地理标志的使用管理和保护等，❷ 但
因为多种因素至今仍未能列入全国人大的立法议程之中。另外，我国的
地方政府也可以在地方立法的范畴加强地理标志的立法工作，如 2006 年
陕西省政府出台了《陕西省地理标志产品保护办法》，这是我国地方政府
尝试通过专门立法对地理标志进行保护的有益探索。陕西省的地理标志
保护立法是地方地理标志保护与管理的体制创新，通过地方立法，陕西
省的地理标志产品数量呈井喷式增长，地理标志对经济增长的贡献值显
著提高。

---

❶ 曹莉莎、李明星、丁江涛："知识产权战略视角下我国农产品地理标志管理模式演进及其制
度创新"，载《理论与改革》2012 年第 2 期，第 87 页。
　❷ 吴汉东主编：《中国知识产权制度评价与立法建议》，知识产权出版社 2008 年版，第
313～317 页。

第三章 东盟各国地理标志法律制度概述

第一节　老东盟六国的地理标志保护制度研究

以 1984 年 1 月 8 日为界,印度尼西亚、马来西亚、菲律宾、新加坡、泰国、文莱属于早期加入东盟的国家,因此被称为"老东盟六国",后来加入东盟的越南、缅甸、老挝、柬埔寨被称为"新东盟四国"。

20 世纪 90 年代初期,老东盟六国之间基本沿用了殖民时代的旧法制,相互之间的地理标志保护水平差距不大。但随着欧盟和美国对他们引入新知识产权制度的压力的要求,老东盟六国进一步构建和完善了地理标志保护制度。

一、新加坡地理标志保护制度概述及评价

在新加坡,地理标志最早是作为证明商标或集体商标进行保护的。后来,随着新加坡加入 WTO,其在 1998 年制定了《新加坡地理标志法》,并于 1999 年进行了修订(以下简称 cap. 117b)。但早期对地理标志的保护没有一个确定的注册制度,意味着商家只能通过民事诉讼来确定某个名词是否有"地理标志权利"。2014 年 4 月,新加坡国会通过了新的《新加坡地理标志法》,旨在提高该国地理标志的保护水平,以下就是对新加坡两个专门的地理标志保护法律制度的介绍和研究。

(一)《新加坡地理标志法》(1999 年版本,cap. 117b)的简要介绍

1. 解释部分

对以下名词做了界定:法院、地理标志、产品、利益相关方、巴黎公约、地方、生产商、符合条件的国家、商标、贸易商、使用等。

在该法中,"法院"指的是新加坡高等法院。

"地理标志"和 TRIPs 协议第 22 条规定保持一致。

"产品"指任何天然产品、农产品、工艺品和工业品。

"利益相关方"(interested party,又有人译为"利害关系人")指和地理标志产品相关的生产商、贸易商(销售商)或上述生产商或贸易商的协会。

"巴黎公约"指 1883 年 3 月签署的《保护工业产权巴黎公约》及修订稿。

"地方"指某个国家或地区，包括该国或地区的某个区域。

"生产商"是指为了销售或其他商业目的而生产产品的人。

"符合条件的国家"（qualifying country）是指以下任何一个国家或地区：（a）WTO 成员方；（b）《巴黎公约》成员方；（c）部长根据本法第 11 条的规定，认定某些国家为符合条件的国家。

"商标"与 1998 年《新加坡商标法》含义一致。

"贸易商"是指在新加坡销售货物的人，或者专为销售而提供货物的人。

"使用"是指以下行为的一种：（a）任何交易，包括购买、销售或交换；（b）任何进出口；（c）任何广告；（d）任何涉及发票、酒水单、商业目录、商业信函、商业报纸、价目表或其他商业文档。

2. 利益相关方对违法使用地理标志的行为可以提出诉讼或采取其他行动

该部分内容与 TRIPs 协议规定基本一致，如利益相关方可以对以下行为提出诉讼：使用虚假的地理标志可能使消费者对产品产地的来源产生误导的；使用地理标志构成了《巴黎公约》第 10 条之二意义上的不正当竞争行为的；翻译外国地理标志在本国注册使用的；所用识别葡萄酒的标志不是产于该地理标志所表明的地方的葡萄酒，或伴有"××型""××类""××式""仿制品"等字样的；即使消费者不会对产品的真实地理原产地产生误认，地理标志标签也不能使用在并非来自于其指示的地理原产地的酒类产品上。

3. 救济措施

如果被告有正在实施或已实施完本法禁止的行为，法院可以根据原告的请求，对被告处以下处罚：（a）禁令，以阻止正在进行的违法行为；（b）赔偿金，或没收所获利益。

4. 关于同名地理标志（homonymous geographical indication）葡萄酒的问题

任何同名地理标志葡萄酒的利益相关方，都可以向法院提出申请，请求法院出具声明，以与他人地理标志相区别。法院应根据以下情形出具声明：（a）有必要公平对待所有的利害相关方；（b）确保消费者不被误导。

5. 某些使用地理标志名称申请注册的例外

以下情形不得申请注册地理标志名称：（a）拟申请的地理标志违反公共政策或公共道德；（b）拟使用的地理标志已在来源国或地区、区域内不受保护或已经停止使用；（c）拟使用的地理标志在新加坡已经成为商品或服务的通用名称。

6. 对在先使用权利人的例外保护

在拟申请葡萄酒或烈性酒类产品或服务有关的地理标志时，出现以下情况时不得注册：如果其他符合条件的主体已就相同产品或服务在新加坡持续使用了该地理标志名称，且（a）至少在 1994 年 4 月 15 日前已持续使用 10 年以上的；（b）在该日期前善意取得。前述"符合条件的主体"是指：（a）新加坡公民或居住在新加坡的个人；（b）根据任何新加坡法律成立的法人团体；（c）其他任何在新加坡拥有真实有效的工商业实体的。

申请人不得申请注册使用与已有商标相同或近似的地理标志，如果（a）根据 1998 年《新加坡商标法》或此前与商标有关的法律，申请该商标是出于善意，或注册该商标是善意的；（b）现在或以前的商标使用人在新加坡贸易过程中持续善意使用该商标。

7. 私人名称使用的例外

申请地理标志不得含有他人或其前任在商业活动已使用的私人名称，但该名称存在误导公众使用的除外。

8. 例外情形下，不得提起诉讼

对于使用含有或由地理标志名称构成商标的行为，经过 5 年有效期限后，其他利益相关方不得提出诉讼。该 5 年的起算期是指：（a）目前或其前任使用含有上述名称的商标，在新加坡已成为驰名商标的日期；或（b）按照 1998 年《新加坡商标法》或与此前商标有关的法律，该商标注册的日期。如果该商标在此前已被公告，则以较早者为准。

当然，对于恶意使用、注册商标的，该条款不适用。

9. 对该法实施前权利的影响

该法的实施，不影响他人根据 1998 年《新加坡商标法》或相关反假冒法律规定享有的权利。

（二）《新加坡地理标志法》（2014 年，No. 13）的简要介绍

对于该法案，主要介绍新修改或增加的内容，其他与 1998 年《新加坡地理标志法》相同的部分则不再赘述。

1. 修改目的

为了对 1998 年《新加坡地理标志法》（cap. 117b）进行修正，更好地保护地理标志，该法的生效将会取代以前的《新加坡地理标志保护法》。

2. 解释部分

在第 2 条中，增加了"同名地理标志""机构""所有人""注册处"等术语的解释。

"同名地理标志"（homonymous geographical indication）是指某个地理标志名称的部分或全部与另一个地理标志名称具有相同的拼写或发音，但却来自于不同的原产地。

"机构"（officer），是指根据《新加坡知识产权局法》（cap. 140）设立的新加坡知识产权局。

"在先权利人"（proprietor）是指（a）与注册商标相关的人、含有私人名称的商标注册人；或（b）未注册的驰名商标，该商标的所属人；或（c）在地理标志注册前，该标志已在新加坡商业贸易活动中善意地作为商标使用的人。

"注册处"（registrar）是指根据本法第 19 条设立的地理标志注册管理机构。

3. 为保护注册的地理标志，增加了利益相关方可起诉或采取措施的情形

增加了"除葡萄酒和烈性酒以外，如果清单所列的农产品或食品类别已经注册为地理标志，对于并非来自于注册地理标志所示地理区域的，相关方也可以采用诉讼或其他措施阻止任何不当使用地理标志行为。"且不用考虑：（a）在使用注册地理标志时标明了产品真实地理来源；（b）使用

翻译后的注册地理标志名称的；（c）伴有"型""类""仿""式"字样或表达使用地理标志名称的。

4. 主管机构

新加坡政府将在知识产权局下设立专门的地理标志注册处负责注册登记地理标志。注册处的成立将能提供地理标志的确定性，使地理标志的拥有者无须在法庭上确定地理标志，使商家的权利得到更好保护。

5. 增加了地理标志的注册申请程序

（1）地理标志的注册申请人。下列个人或组织有权提出地理标志注册申请：（a）在拟申请的地理标志确定区域内，从事地理标志产品生产的个人或组织；或（b）对拟申请注册的地理标志负监督职责的主管机构。

（2）可以提交申请地理标志的产品种类。特定地区出产的肉及肉类制品、海鲜、烈性酒、葡萄酒、蔬菜、水果、乳酪、食用油、非食用油、香料和调味品、糖果和烘烤食品、鲜花、天然橡胶等 14 种农副产品、水产品、工业品等。

（3）注册地理标志需要提供的信息。申请人的姓名、地址和国籍；申请人生产能力的证明；拟申请注册的地理标志信息；地理标志适用的具体地理区域；申请使用地理标志的产品；商品的质量、声誉或其他特征，以及如何实质性来源于该地理区域的证明；在符合条件的来源国（非新加坡），地理标志被认可或注册的证据。

（4）地理标志申请注册的流程。与新加坡商标注册的程序基本一致，分为四个阶段。

申请阶段。申请人向地理标志注册处提交注册申请，并提供上述要求的信息。当然，申请人可以在任何时候撤回自己的地理标志注册申请。

审查阶段。地理标志注册处将对每份申请进行详细审查，以确定是否符合地理标志注册的条件。如果提交的资料不符合注册处的要求，注册处可以给申请者一次补正的机会，申请人可以在规定的期限内增加信息或证明，如不能在规定期限内提交则视为放弃申请。如果提交的申请仍不符合要求，注册处将驳回注册申请。在审查过程中，注册处可以任命一个或多个技术顾问，就地理标志申请中的产品性能、功能等问题进行咨询。

公告和异议阶段。经过地理标志注册处的审查，符合注册要求的，注册处应以规定的方式予以公告。自注册申请公告之日起，任何人都可以在规定期间向注册处提出异议，该异议应以规定的方式以书面形式提出，且应该包括异议的具体理由。部长应制定具体的规则以保证异议程序的进行。另外，在具体的注册公告过程中，任何人都可以对申请文件中的错误或遗漏进行纠正，但该纠正申请不得针对地理标志的有效性提出，注册官员按照注册地理标志的规定方式对名称或地址的修改进行记录。纠正的申请既可以向地理标志注册处提出，也可以向法院提出。但是如果有涉及地理标志的诉讼案件正在法院审理的，此时纠正申请应向法院提出。

注册登记阶段。公告后无异议，或者异议被驳回的，授予地理标志并予以注册登记，并颁发注册登记证书。地理标志经注册登记后，应申请人的请求，也可以进行修改，但只能修改（a）申请人的名称和地址；（b）书写或复印错误；（c）显而易见的错误。且修改不能实质性地影响已注册的地理标志。

另外，在地理标志注册登记前，如果出现以下情形，注册处可以撤销已受理的申请：（a）地理标志注册申请的受理是基于审查过程中的错误或疏忽做出的；（b）存在特殊情形，该地理标志不应被注册的。一旦撤销已经受理的申请，则该申请视为从未被受理。

（5）地理标志的有效期限和续展。注册地理标志的有效期限是 10 年，每续展一次延长有效期限 10 年，续展须不迟于有效期限届满后的 6 个月内提出，并应缴纳规定的费用。一旦地理标志未予以续展，则注册处应撤销注册人的地理标志权。

（6）地理标志的撤销。地理标志可以根据以下情形撤销：（a）注册官员根据原注册登记人的撤销申请；（b）法院或注册官员根据其他人提出的撤销登记申请。撤销的理由主要包括：已成为通用名称的；地理标志是通过欺诈获得的或具有误导性的；在地理标志产品的来源国或地区已经不受保护的；在新加坡没有得到有效维护的；地理标志是由某个不具有任何实体的利益相关方注册，但该地理标志在新加坡成为通用名称的。一旦地理标志被撤销，则视为该地理标志从未注册过，撤销的法律效力自撤销决定作出之日起生效。

6. 增加了地理标志的转让规定

地理标志可以转让，但注册人需要向地理标志注册处提出申请。

7. 增加了某些使用地理标志名称进行注册申请的例外

除了地理标志名称的使用违反公共政策和道德、在来源国已不受或者停止受保护、已成为商品或服务的通用名称外，以下两种情形也不得作为地理标志名称进行申请：（a）相对于其他品种葡萄（树）产品而言，拟申请的地理标志名称与新加坡 1995 年 1 月 1 日存在的某个葡萄品种习惯名称相同的；或（b）使用的地理标志是未依据本法注册的，且在来源国或地区已停止（废弃）使用的。

8. 增加了在先使用的例外

除了 1998 年《新加坡地理标志法》规定的在先使用者权利保护的例外，还增加了以下例外情形：（a）1999 年 1 月 15 日前，在新加坡善意申请注册或持续使用与地理标志名称相同或近似的商标的；（b）涉及的地理标志已在其他符合条件的国家获得注册或保护的；（c）在 2004 年 1 月 1 日前，在新加坡已持续使用该地理标志至少 10 年以上的；（d）在注册申请地理标志前，在新加坡已作为相同或近似的商标使用，且已认定为驰名商标使用的，在此情形下提起诉讼将使消费者对商品的真实身份产生误导的。

总之，《新加坡地理标志法》确定了注册程序将遵循“first in time, first in right”（在先权利优先）原则，即新注册的地理标志不会废除已存在且有抵触性的地理标志或商标，不会对拥有相似名称或商标带来不便。

9. 增加了对某些使用地理标志的行为可要求赔偿的规定

存在以下情形，利益相关方可根据该法提出索赔请求。（1）在并非产自地理标志所指示地区的产品上使用地理标志，使公众对产品的地理原产地产生误导的。（2）使用地理标志，构成《巴黎公约》第 10 条（b）款的不正当竞争行为的。具体包括以下方面：（a）从事了任何与经营者的公司、产品、工商业活动相混淆的行为；（b）在贸易过程中虚假表示，使经营者的公司、产品、工商业名誉受损的行为；（c）在贸易过程中使用暗示性的用语，容易使公众对产品的属性、制作过程、特征、适用性、质量产生误导的。（3）在葡萄酒产品上使用地理标志，而该酒并非来自于所标示的地理标志地区。（4）在烈性酒产品上使用地理标志，而该酒并非来自于所标示的地理标志地区。

10. 增加了具体的救济措施

下列权利人可根据本法就地理标志侵权行为向法庭提出请求，要求被告赔偿：（1）地理标志产品的生产者；（2）地理标志产品的交易者；（3）地理标志产品的生产者和/或交易者组成的协会。

法庭准予的救济措施包括：限制其进一步实施违法行为的禁令、损害赔偿、返还所获得的利益，以上救济措施可以并处。

另外，在与地理标志有关的任何诉讼过程中，在法院最终裁决之前，原告可以请求法院对被告下列物品采取财产保全措施，以救济自己的合法权利。（a）产品，发现被告的产品涉嫌正在实施或者刚实施完成地理标志侵权的；（b）材料，包括与地理标志相同或近似的标识，被告用于侵犯地理标志的标签或包装、商业文书、商业广告等材料；（c）设备，被告用于制作上述侵权材料，用于复印相同或近似地理标志标识的，包括被告知道或应当知道其将用于制作侵犯他人注册地理标志，用于复印相同或近似地理标志标识的所有、保管和控制的材料及设备。法院受理原告请求后，要考虑是否有其他补救措施能够充分补偿原告的损失或者保护原告利益，同时考虑如不采取以上措施将会对原告的利益产生的不利影响；法院作出的上述决定应通知给所有产品、材料、设备的相关利害关系人。

11. 对于采取保全措施财产的处理

如果最终裁定侵权，对采取保全措施的产品、物资或设备存在多个利益相关方时，法院可以采取直接售卖或其他合适方式，将所获收益予以分配。如果法院最终裁定不侵权，那么对于已采取保全措施的财产，所有人、保管人和控制人有权要求法院返还。如果无法定理由提起诉讼，采取保全措施有误，给他人造成损失的，应当予以赔偿。

12. 增加了针对地理标志产品贸易过程中侵权的海关措施

(1) 请求扣留涉嫌侵犯地理标志的货物。

地理标志相关利益方可以向海关署长提出扣留涉嫌侵权货物的书面请求，(a) 说明他是：(i) 地理标志产品的生产商；(ii) 地理标志产品的贸易商；(iii) 地理标志产品生产商和/或贸易商协会。(b) 说明涉嫌侵犯地理标志的产品预期将进口或出口。(c) 提供以下充分信息：(i) 侵权货物的鉴定；(ii) 如案件需要，还要向署长提供确定货物进出口的时间和地点；(iii) 使海关署长确定该货物涉嫌侵犯地理标志。(d) 请求署长扣留货物的申请。

(2) 作出扣留涉嫌侵犯地理标志货物的决定。

依法作出的扣留决定要由文件和信息的支持，申请人还要缴纳申请费用。该裁定的法律效力自通知作出之日生效，有效期限为 60 日，除非在此期间经申请后总干事书面撤销该扣留决定。

(3) 扣留涉嫌侵犯地理标志的货物。

有以下情形的，有权机构可以扣留该货物：(a) 已经作出扣留涉嫌侵犯地理标志货物的决定；(b) 扣留决定无误或没有被撤销的；(c) 处于进出口环节，以及不属于在途货物的，任何有权机关有理由认为该货物涉嫌侵犯地理标志，都可以进行检查和扣押。

货物一经扣留，海关署长要书面通知该货物的进口商或出口商、申请人、注册地理标志的登记人。

经过裁定的扣留有效期限后，海关署长要将扣留的货物返还进口商或出口商，除非 (a) 申请人在规定的时间内提出了侵权诉讼；且 (b) 申请人向署长提交了书面申请，说明已经提起了侵权诉讼。

如果已经提起了与扣留货物有关的地理标志侵权诉讼，就以前生效的扣留决定，自提起诉讼之日起 3 周内法院仍没有作出阻碍解除决定的，海关署长将向进出口商返回被扣货物。

如果申请人向海关署长发出了书面通知，说明他同意解除扣留措施，海关署长也将向进出口商返回被扣货物。

(4) 对扣留、保管或处置货物的责任、费用等相关规定。

根据上述规定，有权机关也可以拒绝作出扣留决定，除非申请者

（a）应海关署长的要求，缴纳了足够的保证金；（b）应海关署长的要求，提供了其他保证。

在货物扣留期间，应申请人、地理标志注册人、进出口商的请求，海关署长应允许他们检查被扣货物。如果申请人、进出口商给予海关署长必要的书面承诺，海关署长可允许他们从扣留货物的保管处提取样品予以检查。书面承诺应注明满足以下要求：（a）在规定时间内向海关署长返还样品；（b）采取合理措施，防止样品损害。一旦海关署长同意进出口商检查或提取样品检查的请求，那么海关署长将不承担检查期间或者样品提取及检查期间货物损害的责任。

如果海关署长作出了解除扣留货物的决定，进出口商在规定期间内没有做出让海关代为保管的，海关署长可以以下方式处理被扣押的货物：（a）根据本法规定的方式处理；或（b）如果没有法定的处理方式，海关署长可以自行处理。

（5）对错误扣留的救济。

如果作出扣留裁定后，申请人（即原告）的侵权诉讼在法院败诉的，被告可以请求法院判决原告予以赔偿。一旦法院认定原告的扣留申请确实给被告的财产造成了损害，则法院要裁定给予适当的补偿。

13. 增加了检查权的相关内容

（1）高级执法官员，或者依照高级执法官员一般或特别指示的普通执法人员，都可以在新加坡登上任何车辆检查容易藏匿货物的所有部分。

（2）为了更有效地行使本法所赋予的权力，执法人员可以要求车辆的负责人员：（a）停止行驶，直至获得授权后才可继续行驶；（b）将车辆带至特定检查地点。

（3）违反本条规定或者拒不遵守任何有法律效力的要求或者指示的，即属于犯罪行为，一经定罪，可处不超过 6000 美元的罚金和/或不超过12 个月的监禁。

14. 增加了侵权诉讼的内容

（1）高等法院在侵权诉讼审理过程中，相关主体向法院提出其与审理的案件有必要利害关系请求的，法院应准许增加该主体为该案的被告。

（2）执法人员有权聆听侵权诉讼案件的审理。

（3）法院可以采取以下救济措施：（a）根据具体情况，如果法院认为合适，任何时候都可作出解除进出口商货物扣押的裁定；（b）在法定期限前不得解除进出口商被扣押货物的裁定。

（4）如果法院认可政府或任何法定机构根据其他法律要求继续扣留货物的决定，法院可以不裁定解除扣押货物。

（5）海关署长应当遵守法院作出的裁定。

（6）如果（a）侵权诉讼被驳回或终止的，或者法院认定进出口商的被扣留货物不属于侵权的；且（b）侵权诉讼案件的被告向法院提出，自己被扣押货物受到损害的，法院可以裁定申请人（扣留货物的申请人）给予被告适当的补偿。

15. 检查包装等问题

（1）任何正处于进出口环节，或最近已进口的货物、包装、箱子、柜子、其他设备等，如果存在合理的理由认为上述物品或者上述物品内藏有应予以扣押的产品，可以（a）由执法人员检查检验该物品，也可以扣押该物品直至该批物品的负责人打开包装让其检查为止；或（b）以执法人员认为合适的方式进行客观测试和分析；或（c）在执法人员检查检验期间，采取标注、封存、密封或其他安全措施。

（2）执法人员可以要求该货物、包装、箱子、柜子、其他设备的负责人打开该批物品，以备检查检验。

（3）如果上述物品的负责人拒绝打开，或者在给定的合理期间和机会下拒不履行上述要求，那么执法人员或者受高级执法官员指令的普通工作人员，可以强行打开上述物品以备检查检验。

（4）除执法人员外，对已经采取标注、封存、密封或其他安全措施的上述物品，其他任何人转移、打开、破坏或调换的。

16. 转移包装或货物至检查地点的权力

（1）为了更方便地进行检查，执法人员可以自行转移上述物品至检查地点，也可以要求上述物品的所有人或其代理人、保管人、负责人或控制人转移上述物品至检查地点。

（2）任何当事人不执行上述要求命令的，则为犯罪行为，一旦被认定有罪则可以处不超过 6000 美元的罚金。

（3）如果当事人不履行规定要求的，执法人员可以按照法律规定的方式自行转移上述物品，由此产生的费用将由上述物品的所有人以罚款方式予以承担。

17. 对行李和随身物品的检查

（1）任何从船只或航空器正在登陆、准备登陆或最近登陆新加坡的人，或者无论是否有登陆目的或其他原因在新加坡离开船只或航空器的人，或者通过陆、海、空正进入或最近进入新加坡的当事人，将（a）根据执法人员的要求，或者允许对容易扣留的物品或行李由执法人员进行检查；或者由执法人员陪同将物品或行李带至指定检查地点，在高级执法官员的监督下对易被扣留的物品或行李进行现场检查。（b）应高级执法官员的要求，对服装内易被扣留的物品进行移交以备检查。

（2）行李物品一般应当现场检查；除非无法提供现场检查设施的，可以不现场检查。

（3）任何人拒绝，或者没有适当理由拒不执行本法规定的合法要求的，均为犯罪行为，且应处以不超过 6000 美元的罚金和/或不超过 3 个月的监禁。

18. 执法人员进入特定场所的权力

为了更好地行使该法规定的执法检查权，在没有命令的情形下，执法人员可以进入下列场所：（a）任何小岛、降落地、码头、船坞、铁路；或（b）根据新加坡海事及港口管理局法案（170A 法案），持有提供港口服务或设施牌照、享有豁免权的任何处所；或（c）根据新加坡民用航空局法案（2009 年 17 号法案），持有许可牌照、享有豁免权的任何机场运营商处所。

19. 对阻碍执法的处罚

任何人（a）拒绝任何执法人员或高级执法官员进入任何车辆或场所，该车辆或场所根据本法的规定上述人员有权进入；或者（b）在检查过程中阻碍、阻挠任何执法人员或高级执法官员行使根据本法享有的检查权的，为犯罪行为，一旦被认为有罪，将要被处以不超过 15000 美元的罚金和/或不超过 12 个月的监禁。

20. 对个人责任的保护

在执行下列公务活动中，海关署长或其他根据海关署长指示尽了合理注意义务且秉持善意的执法人员及政府雇员，不承担个人责任：（a）根据本法执行或者根据本法宗旨执行；或（b）履行职责或根据本法宗旨履行职责；或（c）依照本法的规定，遵守法律的行为。

21. 附则及一般规定

在所有与注册地理标志或与此有关权利等相关的法律诉讼过程中，包括注册人的救济程序中：（a）注册人要提供任何本法规定的初步证据；且（b）地理标志注册的初步证据，且要说明不存在拒绝注册的理由。

22. 争议登记有效的证明书

（1）如果在诉讼过程中，有当事人就地理标志注册是否有效存在争议并提交法庭的，如果法庭调查后认定该地理标志的注册有效的，法院可就该结果出具证明书。

（2）如果法院出具证明书，且在随后的诉讼中（a）该注册的有效性再度被质疑；且（b）注册人获得了最终有利于他的裁定或判决。注册人有权在随后的诉讼中要求赔偿律师和客户就该项程序花费的支出，法院另有决定的除外。

（3）上述第二款的规定不得延伸至随后的上诉程序中支出的费用。

23. 诉讼费用

在所有根据本法进行的法庭诉讼中，法院可以判处向任何当事人（包括注册机构）支付合理的费用，但不能裁定注册机构支付其他当事人的费用。

24. 证明地理标志使用的责任规则

在有关地理标志续展的过程中，出现了地理标志使用问题时，注册人要承担证明地理标志使用方式的责任。

25. 法人团体等犯罪问题

（1）根据本法规定，当公司被认定为犯罪的，且证明是：（a）所犯罪行受到了公司负责人同意或纵容的；或（b）可归咎于该负责人疏忽的，负责人及公司均被认定为有罪，均可被提起公诉并承担相应的惩罚。

（2）当公司事务是由它的某个职员管理，上述第（1）条应同样适用于该职员的行为，推定该职员行为与履行管理职能相关，视同他是公司的董事一样。

（3）根据本法规定，合伙企业被认定为犯罪的，且证明是：（a）所犯罪行受到了合伙人的同意或纵容的；或（b）可归咎于该合伙人疏忽的，合伙企业及合伙人均被认定为有罪，均可被提起公诉并承担相应的惩罚责任。

（4）根据本法规定，非法人团体（合伙企业除外）被认定为犯罪的，且证明是：（a）所犯罪行是受到该非法人团体负责人或者其管理机构成员同意或纵容的；或（b）可归咎于上述负责人或成员疏忽的，负责人或成员、非法人团体均可被认定为有罪，均可被提起公诉并承担相应的惩罚责任。

在本部分中，根据《新加坡有限责任合伙企业法》（cap. 163A），"法人团体"包括有限责任合伙企业。

（5）部长应制定相应规则，保障该部分条款的适用，并以部长认为适当的方式予以修改，以适用于依据新加坡以外的法律成立或认可的法人团体和非法人团体。

26. 复合犯罪的问题

（1）注册官员或任何由注册官员书面授权的人员，在他的自由裁量范围内，他人有合理理由怀疑且有证据表明上述人员行为构成了本法规定的复合性犯罪的，可处以不超过以下数额下限罚金的惩罚：（a）法律规定该罪最高罚金的一半；（b）2000 美元。

（2）支付以上罚款后，不得对以上人员就该罪提起任何诉讼。

（3）根据部长的批准，负责人可以制定规则规定哪些行为构成复合性犯罪。

（4）该部分归集的所有罚款均缴存至综合基金账户。

27. 法院的司法管辖权

虽然《新加坡刑事诉讼法》（第 68 条）有相反的规定，地方法院（district court）或推事法庭（magistrate's court）对本法规定的任何刑事犯罪都有司法管辖权，有权对犯罪处以完全处罚和惩罚。

28. 解释性的说明

该法将修改、废除以前的《新加坡地理标志法》（cap. 117B），将（a）为地理标志产品的生产商和贸易商提供充分的保护，且保护的标准不低于已经签署的 TRIPs 协议要求的标准；（b）根据拟定的新加坡与欧盟自由贸易协定的建议要求，新加坡将增加与地理标志保护有关的其他措施；且（c）修订《新加坡知识产权局法》（cap. 140）和《新加坡商标法》（cap. 332）的相关内容。

（三）新加坡地理标志保护总结

综上所述，新加坡通过的新的地理标志法，增加了地理标志的注册程序、对侵犯地理标志的保全措施、地理标志保护的海关措施、地理标志的执法措施、与地理标志有关的诉讼等，形成了比较完备的地理标志保护制度。

从该国地理标志保护的特征可以看出，该国地理标志保护模式属于专门法模式，当然在具体规定方面借鉴了商标法律的相关规定。与其他东盟国家地理标志保护立法对比分析，新加坡地理标志的保护立法走在东盟国家的前列。但是由于新加坡国土面积较小，人口仅有 540 万左右，农业园区面积较小，可耕种的面积仅有 600 多公顷，产值不足国内 GDP 的 0.1%，农业中保存一些高附加值的产品的生产，如种植兰花、热带观赏鱼、鸡蛋、奶牛等，但大部分的蔬菜和农副产品需要进口，因此新加坡缺乏在区域内乃至全球知名的农副产品，可以预见本国国民及企业、协会申请的地理标志不会很多。据统计，自 1998 年《新加坡地理标志保护法》实施起，新加坡高等法院没有审理过一起地理标志案件，也没有一例本国产品注册为地理标志，未来新加坡注册的地理标志估计也是以外国地理标志为主。

另外，由于独特的地理位置，新加坡属于典型的城市国家，是世界著名的贸易和航运中心，经济发展主要依靠外贸驱动，所以新加坡很多知识产权法律和政策都是为了保护国际贸易中的知识产权利益，如《新加坡地理标志法》中有关地理标志产品保护的海关措施，地理标志产品场所的检查检验措施、地理标志的执法制度等均以保护国际贸易领域内的地理标志权利人利益。可以预见，新加坡公平透明的地理标志保护制度将有助于建设区域性知识产权枢纽。

最后，加强海关措施，维护国际贸易环境下的地理标志权利人利益，是《新加坡地理标志法》对我国及东盟国家可资借鉴之处。当前，随着欧洲—新加坡自由贸易协定的生效，新加坡也开始注重知识产权的边境执法措施建设，新加坡也准备在近期开展地理标志的边境执法活动，地理标志的拥有者可要求本地海关扣留存在涉嫌侵权的产品。

二、马来西亚地理标志保护制度概述及评价

马来西亚是东盟中新兴的多元化国家，该国位于太平洋和印度洋之间，南中国海将该国分割为西马来西亚与东马来西亚两部分，东马来西亚包括沙捞越和沙巴地区，位于婆罗洲（加里曼丹岛）的北部；西马来西亚位于马来半岛的南部，南濒柔佛海峡与新加坡相连，北接泰国，西临马六甲海峡，东临南中国海。马来西亚因位于赤道附近，属于热带季风气候和热带雨林气候，全年温差较小，雨量充沛。该国自然资源丰富，棕油、胡椒、热带水果等产品产量居世界前列，同时盛产热带林木和海产品，马来西亚拥有亚洲种类最全、烹饪方式多样、文化内涵丰富的美食。通过地理标志，可以保护马来西亚丰富的自然资源，弘扬该国多样化的人文传统。

（一）地理标志法律保护体系

地理标志保护是马来西亚知识产权体制的重要组成部分之一。2000年马来西亚通过了地理标志法，此后于2002年进行了修改。此外，为了地理标志法在本国的顺利实施，马来西亚在2001年制定了地理标志实施细则，并于2013年进行修改，修改后的法案规范了地理标志的申请书以及登记证书的范本。《马来西亚地理标志法》和《马来西亚地理标志实施细则》共同构成了马来西亚地理标志保护的法律基础，法律的顺利实施也促进了马来西亚经济的发展。

（二）地理标志定义

《马来西亚地理标志法》中对地理标志的定义进行了明确的界定，该

定义与 TRIPs 协议第 22 条第 1 款定义基本一致，在此不做多余解释。

（三）地理标志产品保护种类

《马来西亚地理标志法》第 2 条规定，农产品、天然产品、手工艺品、工业品均为地理标志所指的产品。

（四）对烈性酒和葡萄酒保护的补充规定

《马来西亚地理标志法》第 5 条规定了对葡萄酒和烈性酒的地理标志保护，以符合 TRIPs 协议第 23 条的"补充"规定。虽然马来西亚是穆斯林国家，但该国的禁酒令不是很严格，加之马来西亚近几年大力发展旅游业，使得马来西亚的葡萄酒进口连年攀升，一度成为亚洲干邑的三大消费地之一，对葡萄酒和烈性酒的地理标志保护有其现实意义。同时秘鲁的"皮斯科白兰地"、英国的"苏格兰威士忌"、法国的"科涅克白兰地"和"香槟酒"均在马来西亚注册为地理标志保护产品。

（五）管理机构

为了保护知识产权，马来西亚于 2003 年成立了 Intellectual Property Corporation of Malaysia（国内很多学者翻译为"知识产权公司"），取代了以前的知识产权局。后来在 2005 年将其名称改为 Malaysia Intellectual Property Officer（MyIPO），MyIPO 在行政管理和财务上实行自治，负责马来西亚的著作权与邻接权、专利、商标、工业品外观设计、地理标志等与知识产权相关的审批和行政管理事务。

（六）地理标志使用人及权利

《马来西亚地理标志法》第 21 条规定，已注册的地理标志，只能由登记册中规定的地理区域内的生产商在商业活动中使用，且使用人应对登记册中规定的产品质量、声誉或特征负责。在《马来西亚地理标志实施细则》中增加了地理标志技术说明规范，规范包括了产品描述、地理区域和地理标志产品品质之间的因果联系、声誉和其他特征（如土壤、气候、人文因素）、原产地证明等要求。

（七）地理标志注册

1. 申请注册的主体

《马来西亚地理标志法》第 11 条规定，下列人员有权利提起地理标志注册申请：在申请书指定区域内生产地理标志产品的生产商、包括生产商组织；当地主管机构；行业组织或协会。同时还规定了外国人的申请注册问题，代理人的条件如下：定居或居住在马来西亚；依据马来西亚法律成立；主要在马来西亚从事商业经营业务。

2. 地理标志注册的审查公告

（1）审查与缴纳费用。如果注册官认为该申请书符合地理标志申请书的形式条件，且不违反公共秩序和道德，注册官应通知申请人缴纳登记表的适当费用；如申请人自收到缴纳费用之日起 1 个月内未缴纳费用的，视为放弃地理标志的申请。（2）在收到上述费用后，注册官要着手公告以下内容：申请注册的地理标志；申请人的姓名或名称、地址、国籍；代理人（机构）的名称和地址；拟注册的地理标志保护的地理区域；适用该地理标志的产品；该地理标志产品的质量、声誉或其他特征，以及使用该地理标志的条件；申请日期及申请号。

3. 地理标志注册的异议

（1）异议的提出。《马来西亚地理标志法》第 14 条规定，任何人自注册申请公告之日起两个月内，均可以向注册官和申请人提出以下反对注册的理由：不属于本法"地理标志"定义所指的产品；违反公共秩序或道德；在其原产国不受保护或已停止保护；在原产国已停止使用。同时规定，该通知书应以书面形式按规定的方式提出，并必须提供反对的具体理由及说明。同时，《马来西亚地理标志实施细则》（2001 年）第 17 条补充规定，提出异议的时间为公告之日起两个月内，异议应以书面形式提交并向申请人发放异议副本，且应向注册官缴纳规定的异议费，异议中要说明反对该地理标志登记的理由。（2）异议的反驳。《马来西亚地理标志实施细则》第 17 条和第 18 条规定，地理标志申请人收到反对注册的书面通知之日起两个月内，有权针对该异议提出答辩，提出支持自己申请的事实和理由，如果未按期提交答辩，则视为放弃申请。该答辩应以书面形式向注册官提交，并将答辩副本发放给异议人。在此后的两个月内，异议人和申请人均可以补充提出支持自己请求的理由，并将该理由以副本形式发放给对方当事人。（3）异议处理的决定。在规定的异议期限结束后的两个月内，注册官综合考虑所有书面意见和证据后，应当向异议双方下发异议处理的书面决定，并附理由。

4. 地理标志的注册登记

注册官作出准予注册地理标志决定后，应当书面通知申请人，并要求申请人在一个月内缴纳注册费；申请人按期缴纳注册费的，注册官将予以注册登记。

5. 地理标志注册的修正和撤销

《马来西亚地理标志实施细则》第 30 条规定了撤销和调整已注册的地理标志，在收到撤销或调整的申请后，注册官要在报纸上公告通知所有地理标志的使用人。自公告通知之日起一个月内，任何利益相关方都可以申请成为诉讼方。《马来西亚地理标志实施细则》第 36 条规定了已注册地理标志的更正程序，任何更正差错都要以书面形式通知相关利益方，必要时应由注册管理部门公告。

6. 保护期限和续展

马来西亚地理标志保护期限为 10 年，自注册之日起计算。到期可以续展，续展须由地理标志注册人或者其代理人在有效期限届满之前 3 个月提出，并缴纳规定的费用。如果登记在地理标志续展申请表格中的申请人既不是地理标志的原注册人，也不是其法定代理人，则申请人要提供原地理标志注册人的授权续展委托书。

7. 地理标志登记的删除和恢复

在 2013 年修改后的《马来西亚地理标志实施细则》中规定，如果在地理标志保护期限届满的规定期限内仍没有收到规定的续展费用的，地理标志注册官应当向地理标志注册人发放书面通知，告知其上次注册的地理标志即将过期。如果地理标志有效期限届满后 6 个月内，仍未收到续展费用的，地理标志注册官就将该地理标志从注册簿中删除（或翻译为"移除"）。当然，如果在地理标志期满后的 12 个月内支付了延期续展费用，地理标志注册官如果认为适当，可以恢复和续展已被删除的地理标志。如果某件地理标志因为没有支付续展费或延迟续展费用被移除出注册簿的，注册官应当在注册簿中登记该地理标志的移除记录并注明理由，且应在政府公报中予以公告。

综上所述，马来西亚采用了专门的地理标志法律保护模式，有效促进了本国地理标志的保护。在过去的十多年里，马来西亚的地理标志注册量显著增长，至今，已经有闻名东南亚地区的巴里奥水稻、沙捞越千层饼、沙捞越橄榄、沙捞越辣椒、沙捞越木姜子、沙巴茶、婆罗洲初榨椰子油、丹南咖啡、沙巴海藻、巴厘岛双溪哥冬、巴厘岛京打马尼咖啡、沙捞越大米、沙捞越酸茄子、沙捞越大白、浮罗交恰奶酪、玻璃市香甜芒、本地亚答糖、沙捞越蜡染、文冬姜等 26 个本国产品被注册为地理标志保护产品。马来西亚知识产权局局长 Abdul Manan 认为，该国地理标志的保护近几年得到了显著的提高，如巴里奥水稻的地理标志保护不仅使该产品在国际市场上价格上涨，还促进了当地旅游业的发展，为当地创造了更多的就业机会。另外，秘鲁的"皮斯科白兰地"、英国的"苏格兰威士忌"、法国的"科涅克白兰地"和"香槟酒"、意大利"帕马森干酪"等 5 个外国产品也在马来西亚注册了地理标志，马来西亚注册的地理标志数量位居东盟第四位。且在 2011 年的印度农业与加工食品出口局（APEAD）诉马来西亚 Syarikat Faiza Sdn Bhd 有限责任公司一案中，❶马来西亚高等法院适用传统商标法的混淆理论，维护了印度"ponni rice"的地理标志权利人的利益。

三、菲律宾地理标志保护制度及评价

菲律宾位于亚洲东南部，与我国台湾地区隔巴士海峡相望，南部和西南部隔苏拉威西海、巴拉巴克海峡与马来西亚、印度尼西亚相望，东临太平洋，西濒南中国海。菲律宾属季风性热带雨林气候，多雨、高温、

---

❶ 见 Agricultural & Processed Food Products Export Development Authority of India（APE-DA）v. Syarikat Faiza Sdn Bhd，［2011］2 MLJ 768，马来西亚高等法院认为"ponni rice"是直接描述来自于印度南部泰米尔纳德邦（Tamil Nadu）地区特定水稻的品种，该名称被马来西亚 Syarikat Faiza Sdn Bhd 公司注册为商标，排除了他人合法使用该名称的权利，且会对消费者产生混淆，最后判定被告的商标注册违法，并从登记簿中删除该注册商标。

湿度较大。该国境内物产丰富，拥有近万种的野生植物，其中龙脑香、红树、松树等森林面积较大。菲律宾国内民族众多，尤其保留了众多土著居民，人文传统浓厚。丰富的自然资源和文化传统，决定了该国拥有可以注册申请的地理标志数量潜力巨大，地理标志保护的相关法律可以促进该国经济的发展。

（一）菲律宾地理标志保护立法概况

早在 1995 年，菲律宾统一的知识产权法典予以颁布，该法典涵盖了对版权、专利、外观设计、实用新型、商标、地理标志、集成电路和商业秘密等各种知识产权客体的保护。在《菲律宾知识产权法》第一部分第 4 节定义中明确规定"地理标志"属于知识产权保护的范围。有关地理标志保护的具体规范体现在《菲律宾知识产权法》part Ⅲ "商标、服务商标、商号"和《有关商标、服务商标、商号法规》的不同政府法令中，在《菲律宾知识产权法》part Ⅲ "商标、服务商标、商号" 121.2 中对"集体商标"进行了定义，规定使用该商标的集体组织成员提供的产品或服务具有共同的特点，包括能够区别产品的原产地或产品质量。因此，在菲律宾地理标志是通过注册为集体商标（或共同商标）来获得保护的。在 123.1（g）中规定"可能对公众产生误导的标志不得注册，包括对产品或服务的性质、质量、特征或产地的误导"；在《菲律宾有关商标、服务商标、商号法规》第 101 条中明确了"地理标志"的定义，该定义与 TRIPs 协议第 22 条的规定一致，在此不再赘述。在 123.1（i）中，规定"已经成为习惯或通用术语的产品或服务名称不得注册"，在 123.1（j）中"存在含有指示地理来源的专门标志，不得注册"。❶

---

❶ 《RULES AND REGULATIONS ON TRADEMARKS, SERVICE MARKS, TRADE NAMES AND MARKED OR STAMPED CONTAINERS》〔No. 08（2000）〕RULE 101. Regisitability . A mark cannot be registered if it：(j) Consists exclusively of signs or of indications that may serve in trade to designate the kind, quality, quantity, intended purpose, value, geographical origin, time or production of the goods or rendering of the services, or other characteristics of the goods or services.

（二）菲律宾地理标志管理机构

菲律宾知识产权局是该国知识产权的行政主管机构，其下设有专利局、商标局、法律事务部等 7 个部门，地理标志注册管理机构是商标局，商标局的主要职责就是对商标、地理标志、其他标识的申请进行检索和审查，并发放登记证书。法律事务部则负责受理、裁决商标和地理标志申请的异议，撤销已注册的商标和地理标志，受理有关商标和地理标志方面的行政投诉，可以作出停止侵权的临时禁令。

（三）菲律宾地理标志注册

1. 申请所需资料

由于菲律宾地理标志注册是按照商标法模式进行的，自然人和法人均可提出申请。（1）自然人提出申请的，要附有个人证明文件；法人申请的，要附营业执照或有效登记证明并加盖公章。（2）申请人的详细信息，包括姓名或名称、详细地址、联系方式等。（3）拟申请商标的样本。（4）根据《尼斯协定》的商品名称或类别。（5）申请书，如果是申请集体商标（在菲律宾，地理标志主要通过集体商标进行保护），申请时要做出声明。❶

2. 申请人资格

（1）具有菲律宾国籍的自然人或法人，只要在申请注册之日前 2 个月内在国内商业活动中使用过该商标，均可向知识产权局下属的商标局提出注册申请。（2）外国的自然人和法人须在菲律宾国内有固定住所或营业场所，或在菲律宾有真实的商业实体，如果在申请注册之日起前 2 个月在菲律宾国内商业活动中使用该商标，也可以提出申请。此外，《巴黎公约》的成员国国民可以根据该国际协定，向菲律宾知识产权局提出

---

❶ 《RULES AND REGULATIONS ON TRADEMARKS, SERVICE MARKS, TRADE NAMES AND MARKED OR STAMPED CONTAINERS》〔No. 08（2000）〕RULE 400. Requirements of application. All applications must be addressed to the Director and shall be in Filipino or English and shall contain the following：（1）where the application is for a collective mark，a designation to that effect.

商标注册申请，且不受在菲律宾国内必须首先商业使用的限制。

3. 申请程序

（1）申请前检索查询。申请注册前，申请人最好考虑对拟申请的商标进行检索，查询是否有相同或近似的商标已经在相同或类似的商品或服务上注册。（2）提交注册申请。所需资料已有说明，如果是委托他人代为注册的，还要提交经过公证的委托书。另外，如果拟申请的文字商标是非英文的，申请人还需要提供文字商标的英文译本。（3）形式审查。申请提交后，商标局将对委托书、商标图样等进行合法性审查，审查文件是否齐备，符合规定的，发出申请受理通知书，载明申请日期和申请号。（4）提交使用声明书。自申请之日起 3 年内，申请人须提交"商标使用声明书"，且该声明书需要经过公证；并须附相关使用证据，以下均可作为商标使用的证据：能够清楚显示使用该商标的产品外包装的照片或图片、商标使用的标签等。（5）实质审查。审查商标是否具备"显著性"，是否违反"商标、服务商标、商号"中的禁止条款，是否与他人在相同或近似的商品上注册的商标相同或近似。对于没有通过实质审查的商标经予以驳回申请，该驳回通知将由审查官书面通知申请人，并告知驳回理由。在接到驳回通知后的规定期限内，申请人可以提出复审请求；在申请人缴纳延期费的情况下，也可以申请延期复审。未提出复审请求的，视为放弃申请，申请号和申请日将不再保留。如果审查官认为可以有条件地接受某些商标注册申请，则可以要求申请人放弃拟注册商标中的某一图形或文字的使用。（6）经过审查，审查官认为商标申请符合规定，便会刊登商标拟予注册的公告。公告后，任何人都可以对该商标注册提出异议，异议应在公告之日起 30 日内提出。申请人有权对该异议进行答辩，异议的最终裁定由审查官作出。（7）注册。如果异议没有在商标申请公告后的 30 日内提出，或者异议经裁定不成立的，该商标便获准注册。

4. 地理标志的有效期限和续展

适用商标注册有关规定，菲律宾地理标志的有效期为 10 年，期限起算点为注册之日。注册商标可以续展，续展申请须在商标权期限届满前 6 个月内提出；也可以在期满后 6 个月内提出续展，但必须要交纳逾期费用。

5. 地理标志商标的撤销

在菲律宾，地理标志商标经过核准注册后，注册申请人应在该国境内商业上使用该注册的地理标志商标。连续 5 年未使用的，将丧失该商标的专用权。因此需要自地理标志商标注册之日起第 5～6 年间提交使用证明及宣誓书。如果在此期间没有提交商标使用声明书，注册商标将予以撤销。

此外，在以下情形下，也会导致注册商标被撤销：（1）注册商标在 5 年使用期内或者任何期间，该注册商标丧失了显著性；（2）申请人放弃专用权；（3）注册商标是以不正当的方式取得；（4）注册商标名称使消费者对商品的产地或服务产生误认的。

菲律宾地理标志注册和保护明显滞后，给本国特色农副产品的出口曾带来不利影响。如马尼拉地区盛产芒果，且品质优良，但当时本土生产商对该区域所产芒果应使用哪个名字作为商标品牌存在争议，因此该国知识产权局没有收到过"马尼拉芒果"的注册申请。后来在美国和墨西哥市场上销售的很多芒果被冠以"马尼拉"的名称，而实际上这些芒果产自于韦拉克鲁斯州（墨西哥的一个州），这一做法引起了菲律宾芒果出口商的反对，因为这一名称会误导消费者。

近年来，菲律宾政府逐步认识到通过地理标志来保护本土农副产品市场价值的重要性，各地纷纷将其特色产品注册为地理标志商标。如布拉干（Bulacan）注册了"Tatak"糖果商标、萨兰加尼省（Saranggani）注册了"Sarap Saranggani"和"萨兰加金芒果"商标、打拉（Tarlac）注册了"Natural Tarlac"自然资源和有机产品商标、邦板牙（Pampanga）注册了"Vida Pampanga"美食商标等。据菲律宾知识产权局局长 Ricardo Blancaflor 介绍，该局正推动一项法律的制定，包括地理标志注册法律草案已经在 2014 年制定出来，目前正在讨论之中，努力为本土产品的"品牌化"提供法律框架。此外，知识产权局还对土著或本土产品如何挖掘出地理标志品牌开展了许多培训和振兴计划，目前菲律宾共整理出 Tagalog 椰酒（lambanog）、Dagupan 烤奶鱼（bangus）、比科尔霹雳果（Bicol pili）、South Cotabato tinalak 布料、Batangas barako 咖啡、宿雾芒果干（Cebu process mango）、Aklan 凤梨纤维织品（woven pi-na）、Guimaras 芒果等 9 个潜在的地理标志产品，其中 7 个已经得到确认。

四、泰国地理标志法律制度概述及评价

泰国是亚洲的新兴经济国家，位于亚洲中南半岛中南部，与老挝、柬埔寨、缅甸、马来西亚等国接壤，东南临泰国湾（太平洋），西南濒安达曼海（印度洋），东北与老挝交界，西和西北与缅甸接壤，东南与柬埔寨为邻，疆域沿克拉地峡向南延伸至马来半岛，与马来西亚相接。泰国气候属于热带季风气候，土地肥沃、物产丰富，农业是该国的传统产业，是世界上最大的稻谷出口国；热带水果种类繁多，有"水果王国"的美誉，最著名的有"水果之后"的山竹和"水果之王"的榴莲。泰国海域辽阔，拥有多个得天独厚的天然渔场，渔业资源丰富，虾酱与鱼露使泰国菜肴独树一帜。另外，泰国还出产大量高品质的宝石和泰手帕、围巾、领带等高级日用品，在国际市场上颇受青睐。如泰国山地民族的手工绣花用品，使用了传统的天然印染工艺，具有鲜明的民族特色和乡土气息而广受东南亚人民的欢迎。泰国东部的尖竹汶府织品也采用了天然印染工艺，全程手工制作，织品具有精细、柔软、耐用等特点，被广泛用于制作床单（罩）、桌布、成衣、地毯等。此外，泰国最吸引人的是丰富的旅游资源，处处具有独特的人文因素，使得泰国有大力发展旅游地理标志产业的潜力。

虽然泰国是 WTO 的创始成员国，应该履行 TRIPs 协议规定的保护地理标志的义务，但是泰国国内地理标志保护立法却步履维艰，在经过五次议会否决之后，终于在 2003 年颁布了《泰国地理标志保护法》，2004 年泰国商务部又颁布了《使用相同或近似地理标志的特殊商品名单、规则和方法》《关于缴纳地理标志注册规费程序的通知》《关于地理标志注册申请公告程序的公告》等一系列部门规章，对地理标志进行保护。此外，《泰国消费者权益保护法》中也有与地理标志相关的内容，主要是为防止消费者对产品来源的误认，防止市场竞争过程中的不正当竞争行为，保护消费者的合法权益。因为国内已经有学者对泰国地理标志

进行过相关的研究，所以笔者只对《泰国地理标志保护法》进行简单介绍和评价。

（一）地理标志的定义

在《泰国地理标志保护法》中，对地理标志进行了明确的定义，该定义借鉴了 TRIPs 协议的表述，与 TRIPs 协议第 22 条基本一致，即用于代表、称呼某一地理区域和因产自那个地理区域而具有特定质量、声誉或其他特性的某一商品的名称、符号（象征）或其他标记，同时增加了"地理来源"（geographical origin，也可译为"原产地"）的说明。❶同时规定，如果使用该地理标志已经成为通用名称，或者作为地理标志将有违公共秩序、善良风俗或公共政策的，将不得注册为地理标志。

（二）地理标志保护的产品种类

农产品、手工艺品、工业产品都是泰国地理标志保护的产品类型。

（三）管理机构

泰国地理标志的管理机构是知识产权局（厅），隶属于泰国商务部。

（四）地理标志注册

1. 申请注册主体

在泰国，自然人、生产者团体、消费者团体等符合规定资格的主体，均可以申请注册地理标志。❷同时规定，外国人也可以在泰国申请外国地理标志，但应符合规定的条件。❸且拟申请的地理标志，要有充分的

---

❶ 《泰国地理标志保护法》第 3 条第 2 款规定，"地理来源是指一个国家、地区、地域或地方，包括海、湖、江、河、岛、山地或其他任何类似的区域"。

❷ 《泰国地理标志保护法》第 7 条规定，有资格申请注册地理标志的主体有：（1）法人和对商品所属地理区域有管辖权的政府机关；（2）与地理标志产品经营活动相关，且在该地理区域内有住所的自然人、社会团体或法人；（3）该地理标志的消费者团体或消费者组织。

❸ 《泰国地理标志保护法》第 8 条规定，符合第 7 条规定的非泰籍申请人欲申请外国地理标志的，须具备以下条件：（1）申请人国籍所在国与泰国同为国际任何一个地理标志公约和协议的成员国；（2）在泰国，或在泰国已经加入的任何一个有关地理标志国际公约或协议的成员国有住所或营业场所。

证据表明，该地理标志已受来源国法律保护，且至在泰国注册时连续使用。

2. 申请材料

注册地理标志，申请人要提供产品质量、声誉、产品其他特征、地理来源以及部门规章中规定的其他详细资料。

3. 注册程序

（1）提出注册申请。申请人要提交上述规定的材料。（2）形式审查。在收到地理标志注册申请后，知识产权局主管官员❶应进行形式审查，审查申请书是否符合要求。在收到申请后的 120 天内，主管官员要向注册员❷（又译为"注册长"）报告审查结果和自己的审查意见。在申请审查过程中，主管官员可以要求申请人提供补充材料或解释说明；如审查过程中涉及有必要向该领域某位专家咨询的问题时，注册员须将材料移交专家考虑和建议。（3）作出初步审查决定并予以公告。如果注册员认为该申请符合地理标志的注册条件，则按照规定的程序作出接受注册申请的初步审查决定，并予以公告；如果注册申请不符合本法规定，注册员应当在收到审查报告 30 日内作出拒绝注册申请的决定，并通知申请人。（4）异议处理。自公告之日起 90 日内，任何利害关系人均可向注册员提出异议。注册员应自收到异议之日起 15 日内，向原申请人转交异议副本；原申请人自收到异议书副本之日起 90 天内提出反驳异议的说明的，由主管官员向异议人转交该反对说明。申请人未提交针对异议的反对说明的，视为申请人放弃该注册申请。当注册员针对异议和反对异议说明作出裁决后，注册员应自决定作出之日起 15 日内向双方发出书面决定书，并附理由。异议人或申请人对注册员的处理决定不服的，均可自收到书面决定书之日起 90 日内依法定程序向地理标志委员会提出复审请求。当地理标志委员会作出复审决定后，如任何一方不服复审决定的，均可自收到书面决定之日起 90 天内向法院提起诉讼，在规定期限内没有

---

❶ "主管官员"是指为了实施本法，由泰国知识产权局（厅）局（厅）长任命的人。

❷ "注册员"是指泰国知识产权局（厅）局（厅）长，或者由商务部部长根据本法规定任命履行注册职责的人员。

起诉的，地理标志委员会的决定视为最终决定。（5）复审及诉讼救济。如注册员作出不予注册的决定，申请人可以依照法定程序，自收到驳回注册申请之日起 90 日内向地理标志委员会提出复审请求。地理标志委员会就申请人的复审作出决定后，应自决定作出之日起 15 日内向申请人发出书面通知，并说明理由。如果申请人对地理标志委员会的决定不服的，应自收到决定书之日起 90 日内向法院起诉；未在规定期限提起诉讼的，地理标志委员会的决定视为最终决定。（6）注册登记。如果初步审定后没有异议，或者虽有异议但被注册员、地理标志委员会、法院最终裁定异议不成立的，应在上述裁定之日起 15 日予以注册登记。

4. 地理标志一经注册，自提交申请之日起永久有效

5. 注册地理标志的修正或撤销

已经注册的地理标志，如有细微错误或不准确之处，可以对错误进行修正。❶ 如有违法获得注册，可以修正或撤销该地理标志的注册，❷ 且修正或撤销的决定应当予以公告。另外，如果地理标志注册登记后，出现了可导致地理标志禁止注册的情形（如注册的地理标志成为通用名称，或有违公序良俗等），或者原产地域等详情发生变化的，利害关系人或主管部门可要求注册员向地理标志委员会提交修改或撤销的请求；如果地理标志委员会作出维持注册决定后，不服地理标志委员会决定的利害关系人可以自收到决定书之日起 90 日内向法院提起诉讼，如在规定期间内未提起诉讼的，地理标志委员会的决定则为最终决定。

6. 在泰国注册他国地理标志的问题

泰国接受来自他国地理标志的注册，但须符合《泰国地理标志保护法》第 7 条的规定。同时该外国地理标志应有该地理标志在原注册国受法律保护的清楚证明，且该地理标志至在泰国提出申请之日仍在使用中。

---

❶ 《泰国地理标志保护法》第 21 条规定，如注册的地理标志中含有细微的错误或不准确之处，注册登记机构可依当事人的申请，对该错误或不准确之处进行修正。

❷ 《泰国地理标志保护法》第 22 条规定，地理标志注册后，其后如有证据显示该注册申请有违法行为，有隐瞒或含有不实陈述，任意利益相关方或机构可请求注册管理机构向地理标志委员会提交修正或撤销的证据。地理标志委员会的修正或撤销须依法定条款和程序作出，修正或撤销的决定应在作出后的 15 日内以书面形式通知申请人，并告知理由。

（五）地理标志权利人的权益

某一产品一经注册为地理标志，在该地理区域内的生产商、经营者均有权在主管机构指定的情况下使用该产品的地理标志。

（六）地理标志使用的监督

使用者应按照规定情形使用地理标志；如有违反规定情形使用的，主管机构应书面通知使用人在限定期限内进行改正。如果使用人未在限定期限内改正，则主管机构可以书面决定两年内其不得使用地理标志。当事人可以在接到决定之日起 90 日内提出申诉，任何异议方也可以自接到决定之日起 90 日内向法院起诉，未在规定期限提出复审或起诉的，视为最终决定。同时，该法还对规定了非法使用地理标志的行为，❶ 如有上述行为，将被处以不高于 20 万泰铢的罚款；如犯罪主体是法人的，法人的董事长、经理或者代表人还应接受法律的惩罚。

（七）特殊产品地理标志的保护

在《泰国地理标志保护法》第 5 部分，规定了对特殊产品的地理标志保护问题，规定部长可以签署部门规章，宣布某一产品种类为特定产品。如某类产品为受保护的特殊产品，则非来源于指定原产地区域的产品使用地理标志则为违法行为，即便使用者运用措辞或其他方式指明了产品的真实原产地，包括使用"种""型""类"或类似词语的表达方式均为违法。但是如果在该法颁布前，已连续使用 10 年以上或者善意使用的，不视为违法行为，这样可以为特定产品提供更高水平的保护。随后，泰国商务部颁布了《使用相同或近似地理标志的特殊商品名单、规则和方法》部门规章，在该规章中宣布水稻、白酒、葡萄酒、丝绸是受保护的特定产品。

---

❶ 《泰国地理标志保护法》第 27 条规定，以下行为非法：（1）使用地理标志是为了错误地指示或使人误认为非原产于该区域的产品来源于该区域；（2）以任何方式使用地理标志，引起对产品原产地、质量、声誉或其他货物特征的误解或欺骗，从而损害其他经营者的利益。如果前述第一种行为是在该地理标志注册登记前已实施的，应被视为合法。

（八）地理标志委员会的组成与职责

1. 地理标志委员会人员组成

商务部的常任秘书长作为委员会的主席，农业与合作部的秘书长、司法委员会秘书长、总检察长、律师理事会代表等作为常任委员，知识产权局（厅）局（厅）长（director-general，也可译为"总干事"）为委员会的常任委员兼秘书，另有不超过14名由内阁任命的法律、政治、科技、农业、经济、艺术、历史、地理、考古方面的专家作为委员，其中至少要有6名专家来自于私营部门或者消费者保护组织。

2. 地理标志委员会的职责

当部长根据《泰国地理标志保护法》发布行政规章时，向部长提出建议或意见；对依据本法提起的复审进行审理并作出决定；根据本法作出对注册地理标志修改或撤销的决定；审议部长制定的与地理标志有关的其他事项；审议本委员会专家的任命；本法规定的其他事项。

3. 委员任期

符合条件的地理标志委员会委员每届任期4年，可连选连任，但任期最多不得超过两届。除任职期满外，有下列情形之一的，委员应停止行使其在委员会的职权：死亡、辞职、被内阁罢免、破产、不称职或不能履行职责的、被终审判处监禁刑期的（因过失犯罪或轻罪的除外）。

4. 委员会会议的召开

召开地理标志委员会会议必须超过半数以上的委员出席方可；如委员会主席缺席或不能履行职责时，会议应选定一位委员主持会议；委员会会议决定应以多数票通过方可有效，每一名委员有1个投票权。当出现票数相等（平局）时，会议主席有1个额外的投票权。此外，委员会还有权委任专门委员会，以考虑或执行委员会通过的决议，上述委员会的议事规则同时适用于专门委员会。在履行职责过程中，委员会或专门委员会有权书面通知任何人，让其提供必要的说明，或附加文件或其他支持其观点的材料。如拒绝提供上述资料，将被处以不超过5000泰铢的罚款。

综上所述，泰国是适用专门法模式保护地理标志的，泰国对地理标志的保护一直走在东盟的前列。根据泰国商务部的资料，泰国自2004年

4 月起就开始保护当地及外国带有地理标志的产品。2015 年，泰国知识产权局也推出了"一省一地理标志"计划，计划在未来 3 年中延伸至所有省份，以提高本国农民收入，促进本土化产品发展。泰国知识产权局总干事 Malee Choklumlerd 认为，"取得地理标志，泰国农民将不用再担心庄稼或具有当地智慧产品价格下跌，因为国际市场知道地理标志产品来自于特定地区，具有高价值"。

迄今为止，该国 77 个省共有 51 个省拥有地理标志产品，在 116 种泰国产品中共注册了 67 种地理标志产品，是所有东盟国家中注册地理标志最多的国家，其中著名的有 Thung Kula Rong Hai 香米、Doi Tung（岱东）咖啡和 Doi Chaang（岱象）咖啡，Sangyod Muang Phattha Lung 大米、董里府的烤猪肉、素林府的茉莉香米、胶拉信糯米、清莱府普来菠萝、那空帕农荔枝、巴蜀榴莲、洛坤柚子、佛丕柠檬、春蓬香蕉、北榄水仙芒果、素拉塔尼府的牡蛎、猜耶县（Chaiya）咸蛋、比差汶府的甜酸角、Phu Rua 高原葡萄酒、清迈府波尚的纸伞、南奔府织棉丝绸、Prawa Kalasin 丝绸、Mudmee 丝绸、Mae Jaem Teen Jok 布料、Kohkret 陶器、Ban Chiang 陶器等，此外还有秘鲁"皮斯科白兰地"（Pisco）等 11 个外国产品在泰国获得了地理标志产品注册。

另外，为了应对地理标志产品供不应求的问题，泰国知识产权部门还帮助国内制造商学习地理标志相关知识，确保制造商生产出相同质量标准的产品。同时，为了增加营销渠道，保护本国地理标志产品在国外市场的竞争力，泰国知识产权局提议将当地特色地理标志产品打造成旅游纪念品，该局与旅游局合作促进旅游景点地理标志产品的销售；政府机构被要求将地理标志产品赠送给其他国家的客人，知识产权局鼓励泰国的每个族群拥有自己的地理标志产品并协助他们搞好商业化开发；为了使公众更好地了解地理标志产品，该局还给每个地理标志产品创立一个故事，让地理标志与人文因素结合起来；泰国商务部还积极推动本国某些地理标志产品在中国、欧盟、越南等国进行注册，如 Thung

图 3—1　泰国茉莉香米在中国的地理标志证明商标

Kula Rong Hai 香米（泰国茉莉香米）等 5 种产品已在中国注册为地理标志证明商标，如图 3－1 所示，清莱府岱东咖啡、岱象咖啡、通古拉隆海茉莉香米、博他仑府尚玉大米等 4 种产品已在欧盟申请并注册了地理产品标志保护，"岱东"和"岱象"还在欧盟注册了咖啡类商标，泰国商务部还计划将其东北部的传统丝线在越南申请地理标志保护产品。此外，泰国政府目前正不遗余力地推动在东盟内部制定统一的地理标志（GI）注册标准，期待提高东盟整体的地理标志保护水平。

五、印度尼西亚地理标志法律制度概述及评价

印度尼西亚位于亚洲东南部，是世界上最大的群岛国家，由印度洋和太平洋之间的 17508 个岛屿组成，其东北部面临菲律宾，新几内亚岛与巴布亚新几内亚相连，北部的加里曼丹岛与马来西亚接壤，东南部是印度洋，西南与澳大利亚相望。印度尼西亚是典型的热带雨林气候，也是一个具有生物多样性和文化多样性的国家，该国有 4 万多种植物，森林覆盖率为 67.8%，出产许多高品质的林产品，农副产品和渔业在国际上具有相当的竞争力，主要的经济作物有棕榈油、咖啡、可可、橡胶等。印度尼西亚特色工艺品种类繁多，有彩贝制品、丁香串艺术品、天然宝石、牛角制工艺品、果核小工艺品、龙目岛瓷壶等。作为东南亚最大的经济实体，印度尼西亚具有发展地理标志产业的基础和优势。

但是，印度尼西亚由于早期不注重地理标志保护，一度使自己的特色产品在国际市场上利益受到极大损害，如久负盛名的歌谣咖啡就曾经在欧洲被注册为"歌谣山咖啡"商标，以此禁止印度尼西亚的正宗歌谣咖啡出口，从而对正宗歌谣咖啡出口商构成不正当竞争。同样的事情也发生在托拉雅咖啡产品上，曾经有公司在日本注册了"Toarco Toraja"（托拉雅咖啡），而"托拉雅"是苏拉维西省的传统民居，当地人有种植和饮食咖啡的传统。另外，在越南、中国或其他地区用同种类的胡椒冒充印度尼西亚的"蒙托克白胡椒"出售，使消费者真假难辨，也给印度尼西亚生产白胡椒的厂商利益造成损害。

在 1997 年修改后的《印度尼西亚商标法》第 9 章规定了"地理标志和货源标记"，其后又在 2001 年修改的《印度尼西亚商标法》第 7 章第

56~60 条对地理标志保护作了补充规定。2007 年印度尼西亚政府制定了专门的《印度尼西亚关于地理标志的政府条例》，该条例是为配合《印度尼西亚商标法》保护地理标志而制定的。以下是对印度尼西亚地理标志法律的简要介绍。

（一）地理标志定义和保护种类

印度尼西亚对地理标志的定义和 TRIPs 协议第 22 条规定基本一致，即地理标志是识别原产地的标记，由于该区域内具有独特的自然、人文或两者结合的地理环境因素，使产品具有特定的质量和特征。地理标志是用于说明有关产品以下三个方面的地理术语：来源地、质量或产品特性、来源地的地理和人文特性产生的质量或特征。印度尼西亚规定有下列情形的标志，不得申请注册为地理标志：（1）某个已经申请注册的标志；（2）违背法律法规，与宗教道德观念、伦理道德和公共利益相矛盾的；（3）使公众对产品的特征、性质、质量、产地、生产工艺或使用程序产生误导或欺骗的；（4）拟作为名称的"本地地理名称"已用于某种植物品种的名称，已被植物品种法保护，除非该名称源于地方或地区名；（5）已成为通用名称的。

在印度尼西亚，地理标志产品种类包括天然产品、农产品、工艺品、食品，或任何符合法规的任何其他产品。如果应被地理标志保护的标志未注册，则只能借助于货源标记的保护，货源标记只是简单表明物品的来源，且不要求注册。

（二）地理标志注册管理机构

印度尼西亚知识产权总局（DGIRP）负责管理国内的专利、商标、著作权、地理标志等与知识产权相关的行政管理和审批事务，隶属于国家法律和人权事务部。

（三）地理标志的注册

1. 注册申请人主体

在印度尼西亚，提起地理标志注册申请的主体比较宽泛，既包括地理标志产品的生产商、贸易商、相关政府机构，还包括相关的消费者组织，● 如苏木当县政府（Sumedang）作为申请主体申请注册了"Tembakau Mole"（Mole 烟草）地理标志。此外，住所地或永久居住在印度尼西亚境外的外国人也可以在印度尼西亚申请地理标志保护，其申请注册程序与印度尼西亚国内地理标志相同，但需要满足以下条件：（1）拟申请保护的地理标志须首先在来源国或地区已经注册或得到保护；（2）外国人须通过其在印度尼西亚的外交代表或印度尼西亚的知识产权顾问（代理人）或在印度尼西亚的外交代表提交申请，如果外国人要注册的商标是非印度尼西亚语的，必须同时提交印度尼西亚语的材料。

2. 受理与审查程序

（1）提出申请。申请人或者其代理人按照规定的范本填写 3 份申请表，然后向知识产权总局提出书面申请。申请表包括以下内容：申请人姓名及地址，如果通过代理人申请的，要填写代理人的姓名和地址；申请日期，申请费收据。同时，在具体的申请资料方面，该细则要求申请人要附带提交一份请求说明书（book of requirements，又译为"请求手册"），以说明该地理标志产品的特定品质、质量和其他特征，● 其中地理标志产品的保护区域范围或地图应有权威机构出具的推荐书。（2）行政审查。印度尼西亚知识产权总局要对收到的地理标志申请进行行政审查，即审查申请人提交的资料是否符合法律规定。审查符合法律规定的，由知识产权总局确定申请日。如果申请书的完整性不足的，总局应书面通知申请人自收到补充通知之日起 3 个月内补充完整；如果申请人在规

● 《印度尼西亚商标法》第 556 条第 2 款规定，可以提交申请地理标志注册的主体是，a. 一个来自于生产相关商品特定区域的，由下列规定主体组成的机构：（1）经营天然产品或天然资源产品的主体；（2）农产品生产商；（3）手工业和工业产品的制造商；（4）相关商品的贸易商。b. 一个被赋予上述经营活动职能的机构。c. 相关产品的消费者组织。

● 《印度尼西亚关于地理标志的政府条例》第 6 条规定，提交地理标志申请须附带 1 份说明书，以表明有关商品特定质量和特征，这些说明性信息包括：a. 要注册的地理标志名称；b. 地理标志保护的产品名称及种类；c. 产品特定的质量和特征；d. 说明有关地理环境、自然因素和人文因素作为一个整体对该产品的质量或其他特征的影响；e. 地理标志保护的产地界限或区域地图；f. 在该地区社会公众使用地理标志描述产品的历史、传统和认知描述；g. 有关该地理产品允许使用的生产程序与流程；h. 产品质量测试方法的说明，用于确保物品有良好追溯性的控制方法和措施描述；i. 地理标志产品专用标志。

定期限内无法补充完整，则知识产权总局需向申请人发出视为撤回申请的书面通知，并在地理标志官方公报中予以公告。（3）公告及异议。行政审查合格的地理标志将在官方公告上公布3个月，在公告期限内，任何第三方均可就该申请提出异议，该异议向知识产权总局以书面形式提出，并要附3份异议副本，并缴纳相关异议费用；异议应该包括反对注册的充分理由，异议也可以针对保护区域范围提出。知识产权总局应自收到异议申请书之日起14日内向申请人转交1份异议副本，申请人应自收到异议副本之日起两个月内提交反驳异议的书面文件。（4）实质审查（substantive examination）。知识产权总局自收到符合要求的申请文件之日起1个月内，应将该申请转送至地理标志专家组（the geographical indication experts team）进行实质审查。申请人须在公告期限内缴纳实质审查费，否则申请将被视为撤回。地理标志专家组应自收到申请文件之日起两年内完成实质审查，审查内容包括访问生产商和产品供应链以确认请求说明书的可信性。申请人可在申请公告之前对自己的申请文件进行修改，也可以在获得注册批准之前撤回申请。（5）核准注册。如果地理标志专家组认为申请符合印度尼西亚地理标志的注册条件，地理标志专家组将建议知识产权总局推荐颁发地理标志保护证书，并公告该地理标志的相关信息，包括地理标志产品的说明书。（6）复审与上诉。对印度尼西亚知识产权总局作出的不予授权决定不服的，申请人或其代理人可以在3个月内向知识产权总局提出复审要求，并提出理由。知识产权总局应将复审材料转交地理标志专家组，由其在3个月内进行复审。如果地理标志专家组作出同意注册建议的，知识产权产权总局将予以公告，并予以注册；如果经过地理标志专家组复审后仍不予注册的，申请人或其代理人可向商标上诉委员会提出上诉申请，并在提交上诉申请书时缴纳上诉费用。

3. 有效期限

《印度尼西亚关于地理标志的政府条例》第4条规定，地理标志的保护期限没有具体限制，只要地理标志产品的特定品质、声誉或其他特征存在。当然，如果在印度尼西亚该地理标志注册为集体商标或证明商标，则应该按照《印度尼西亚商标法》的规定，有效期限为10年，在到期前

1年内可以续展，每次续展有效期为 10 年。

4. 地理标志的修改

已经注册的地理标志，申请人可以请求对说明书进行修改，且修改内容仅能涉及地理区域变化、科学技术发展等内容。申请书应当以书面形式向印度尼西亚知识产权总局提出，并需要附理由；一旦印度尼西亚知识产权总局同意修改申请，就需要在其公报中公开修订后的说明书。对修改申请处理的决定不服的，申请人可以适用上述有关地理标志注册的复审与上诉程序。

（四）地理标志的使用与管理

有意愿使用地理标志的经营者，均可向印度尼西亚知识产权总局提交使用申请，并按照现行法律法规缴纳费用。提交使用申请时，要按照知识产权总局规定填写申报表格，并附权威技术部门的推荐信。知识产权总局审查后认为符合使用要求的，则将该经营者登记在地理标志使用名册中，并在地理标志公报中予以公告该使用者的相关信息。任何人如果认为某个地理标志使用者不符合地理标志说明书的技术标准，可向权威机构和知识产权总局提交自己的意见，并附证据和理由；知识产权总局收到报告之日起 7 日内应向地理标志专家组转交该书面意见，专家组应自收到书面意见之日起 6 个月内审查该意见，并向知识产权总局传达审查结论，包括知识产权总局应采取的必要措施建议。知识产权总局收到专家组的建议后 30 天内，可决定采取包括撤销地理标志使用者的登记注册在内的必要措施；如果决定撤销该使用者地理标志使用资格的，则需要将该使用者从地理标志使用名册中移除，并公告该使用者无权使用该地理标志。被撤销地理标志使用资格的使用者可以自收到撤销决定之日起向商业法庭提出异议诉讼。原地理标志使用者也可以主动提出放弃使用地理标志，放弃使用地理标志的后续程序与撤销使用相同。

地理标志专家组负责印度尼西亚境内地理标志使用的组织和监督工作。在地理标志专家组履行监管职责时，应得到技术监督小组的协助，该小组的成员应由特定领域的技术专家组成，该小组的职责是向地理标志专家组提供监管意见或措施。技术监督小组的成员主要来自于：（a）在地区或全国内具有监督能力的组织，和/或（b）公认具有履行检验/监督地理标志产品的私人组织或者非政府机构。上述机构或组织的名单应由地理标志专家组予以更新和管理，技术监督小组的设立由知识产权总局根据地理标志专家组的建议设立。

（五）费用和处罚

在印度尼西亚，使用地理标志需要付费，细则有明确的规定。❶ 另外，以下行为均属地理标志侵权行为：对使用地理标志会对公众产生误导的行为；直接或间接使用地理标志用于商业用途，但不符合说明书要求的；擅自使用地理标志，即使该产品来自于地理标志产品所指示的区域；与"类""式""仿""型"或类似的词语出现的地理标志表述，或其译文的表达；出现于包装箱（纸）、广告材料或物品资料或集装箱内产品包装传递错误来源地的标志，以及其他对产品的来源、特征错误或误导的表述；其他误导公众对物品的真实原产地的行为。

对于地理标志侵权行为，可以适用《印度尼西亚商标法》的规定予以行政处罚，具体的规定为：在同类商品上擅自使用与他人注册地理标志相同或近似的商标的，处以最高4年监禁和/或8亿印度尼西亚盾罚金；使用虚假的原产地标志欺骗公众，可能使公众对商品或服务来源产生误导的，处以最高4年监禁和/或8亿印度尼西亚盾罚金。另外，地理标志权利人还可以向法院提起侵权诉讼，以保护自己的合法权益。

（六）地理标志专家组

《印度尼西亚关于地理标志的政府条例》第14条规定了地理标志专家组的组成、职责等情况。地理标志专家组是一个非官方机构（non-structural body），主要承担对地理标志说明书的评价工作，并向知识产权总局提出有关国家地理标志的登记、变更、注销、监管的意见或建议。

---

❶ 《印度尼西亚关于地理标志的政府条例》第15条第1款规定，任何有意使用地理标志的生产商，都必须向知识产权总局提出申请，并按照现行法律和条例支付费用。

专家组由来自地理标志领域的专家组成，专家主要来自于：（a）知识产权总局代表；（b）有关承担地理标志管理职责的农业、林业、工业、商业和/或其他部委的代表；（c）负责监督和/或控制商品质量的部门或机构的代表；（d）其他符合条件的专家。以上专家由各自部委的部长委任或撤职，每届任期 5 年，地理标志专家组的日常工作应由 1 名主席主持，主席从上述专家组成员中选任。

（七）地理标志保护的终止

任何人，包括地理标志专家组都可以向知识产权总局提交观察结论，即已授权的地理标志产品的特有特征和/或质量已不复存在。如果上述观察结论不是来源于地理标志专家组，则知识产权总局要将该观察结论材料在 20 个工作日内转交给地理标志专家组，由其进行审查。经过最多 6 个月的审查，地理标志专家组要将其审查决定和认为应采取的具体措施建议转交给知识产权总局；知识产权总局应在 30 日内考虑地理标志专家组的意见并做出决定，包括撤销地理标志的决定；知识产权总局一旦作出撤销地理标志保护的决定，就需要在其公报中予以公告，并将其决定以书面形式下发给申请人或其代理人、地理标志的使用人等；对撤销地理标志决定不服的，上述利害关系人可以向商业法庭提起诉讼。

通过对印度尼西亚地理标志法律制度的考察，我们可以看出，印度尼西亚保护地理标志遵循了本质性、普遍适用、申请优先、实质审查、是知识产权的一部分五项法律原则。印度尼西亚对地理标志的保护主要采用的是商标法保护模式，虽然印度尼西亚制定有专门的《印度尼西亚关于地理标志的政府条例》，但该政府条例的上位法是《印度尼西亚商标法》，具体注册程序与商标一致，这与我国的混合保护模式不同。虽然印度尼西亚要求注册地理标志需要提供请求说明书，但缺乏地理标志产品所要求的质量技术等规范，未来中国与印度尼西亚的地理标志保护合作，就需要考虑不同保护模式衔接的问题。

自印度尼西亚地理标志相关法律实施后，印度尼西亚地理标志的注册量迅速增加，在印度尼西亚知识产权总局的网站上，就有一幅印度尼西亚地理标志的示意图，显示印度尼西亚国内目前共注册了 35 个地理标

图3-2　印度尼西亚部分地理标志示意图

志，涉及产品种类有咖啡、烈性酒、葡萄酒、陶器、烟草、香草、藿香油、糖果、胡椒、马铃薯等产品。其中比较有名的有亚齐省的"歌谣阿拉比卡咖啡"、Bajawa 的"弗洛雷斯阿拉卡比咖啡"、沙登加拉省的"龙目岛陶器"、龙目岛芥蓝、亚齐省的"亚齐广藿香油"、松巴哇蜂蜜、德利烟草、楠榜省"楠榜罗布斯塔咖啡"、日惹"Kulonprogo 椰子糖"、邦加岛"蒙托克白胡椒"、巴厘岛的"金塔玛尼阿拉比卡咖啡"、苏拉维西省的"托拉雅咖啡"、育碧马铃薯、迪昂番木瓜等产品。另外，意大利"帕马森乳酪"、秘鲁"皮斯科白兰地"和法国"香槟酒"3 种国外产品也在印度尼西亚注册为地理标志。且印度尼西亚每个地理标志都由颇具特色的图案（Logo）构成，如图 3-2 所示分别为歌谣阿拉比卡咖啡、龙目岛芥蓝、松巴哇蜂蜜和迪昂番木瓜等的标识。

此外，还有爪哇省的"爪哇茶"、苏门答腊的"曼特宁咖啡"、"巴厘岛葡萄酒"等产品也在积极申请地理标志注册。地理标志的应用，也给印度尼西亚的经济产生了积极影响，如亚齐省的广藿香是提炼精油的主要来源，目前，印度尼西亚是世界上最大的广藿香提供国，提供了世界上 90% 以上的份额，而且目前还没有好的替代产品；苏门答腊或小粒曼特宁咖啡是当地外汇收入的主要来源。

六、文莱地理标志法律制度概述及评价

文莱，又称文莱伊斯兰教君主国，该国位于亚洲东南部，加里曼丹岛西北部，东南西三面接壤马来西亚的沙捞越州，并被该州分隔为不相连的东西两部分，北濒中国南海。文莱海岸线长约 162 公里，共有 33 个岛屿，总面积 5765 平方公里，人口 40 万左右。文莱属于热带雨林气候

区，终年炎热多雨。

文莱以原油和天然气为主要经济来源，两项收入的来源占整个国家 GDP 的 50%，文莱是世界上最富有的国家之一。由于油气和公共服务业的发达，该国很多人放弃农业，因而其农业不是很发达。文莱国内与地理标志有关的特产主要包括编篮、木雕、纺织品、铜器、银器等工艺品，还种植有少量水稻、胡椒和橡胶等农作物，同时出产木瓜、椰子等热带水果。

文莱知识产权局是文莱管理知识产权的机构，通过其官方网站可以看出，当前文莱知识产权局主要负责专利法、商标法、工业品外观设计法等法律的行政管理工作，由于文莱地理标志产品不多，与地理标志产品相关的产业不是很发达，因此目前文莱尚没有制定专门的地理标志保护法律制度，主要依据《文莱商标法》对地理标志进行保护。

文莱的商标法律制度由《文莱商标法》和《文莱商标条例》构成，以下是对该国商标制度的简要介绍。

（一）商标的构成要素

在文莱，商标由文字、图形、记号等要素组成。另外，在文莱可以注册立体商标，即由商品的形状或包装、颜色等构成。同时，根据文莱的商标法律，声音、气味、味道等非视觉标识不能注册为商标。

另外，文莱商标法律还规定了商标注册的实质性要件，即有关商标必须是独特新颖的；有关商标不能与已注册的其他商标相同或类似，不能存在混淆的可能性。

（二）商标种类

在文莱，商标可简单分为商品商标和服务商标。在文莱还可以注册集体商标、证明商标、防御商标、联合商标等，地理标志可以注册为集体商标或证明商标。

（三）主体

在文莱，不管是个人、合伙企业、公司都可以申请注册商标，但是申请人必须在文莱设有营业所或住所。申请时要提交申请人的详细信息，包括姓名和名称、国籍及详细地址、联系方式等，另外还要提供拟注册商标的打印图样和商品类别，委托申请的要提交委托申请书。

（四）商标注册程序

1. 提起注册申请

符合条件的申请人向商标局提起商标注册申请，申请时要提交规定的申请文件。如果商标中包含有非英语或马来语的字符，申请人要提交翻译或音译的副本。在商标申请过程中，文莱承认使用优先制，所以在提出注册申请时最好能够提供已经使用过的书面证明。

2. 审查

商标局对商标申请文件进行形式审查，并对拟申请的商标进行实质审查，如果审查后符合规定的，予以公告；如果审查后商标局认为申请不符合商标注册规定的，商标局应向申请人发放书面通知，申请人可以（a）提出书面申诉；（b）请求注册处召开听证会；（c）修改申请文件。

3. 异议

在公告期 3 个月内，利害关系人可以提出异议，并提交异议理由；商标局应将 1 份异议副本转交申请人，申请人在规定期限内提出反驳意见；在争议双方提交完证据后，商标局就将召开听证会，处理商标注册异议。

4. 核准注册

经过公告和异议程序后，商标局认为申请符合注册规定，予以核准注册，并向申请人签发注册证书，并在商标局的公报中予以公布，其详细信息将被记入注册记录册。

另外，与很多国家不同，文莱规定对审定的商标异议是否成立要由法院进行判定，法院根据双方提供的书面资料和证据进行裁决；权利人因连续 5 年不使用注册商标的，利害关系人可以向法院申请撤销该商标注册。

（五）注册商标的有效期限

新的《文莱商标条例》规定，注册商标有效期为 10 年，自提交商标申请日起算。注册商标的续展有效期为 10 年，必须在商标注册期满前 3 个月内提出续展申请。到期不续展的，商标注册处就将该商标移除出注册簿。

（六）商标权的移转

商标权可以转让或者许可。要转让或许可商标权的，权利人应向商标注册处办理转让或许可登记。如商标注册人不起诉商标侵权的，被许可人自通知商标所有权人相关侵权事项之日起 2 个月后，可以自己的名义提起侵权诉讼程序。

（七）侵犯商标权的行为

商标侵权行为包括：在相同或近似的商品上使用他人的注册商标；在相同、近似或其他商品上使用他人在文莱当地已拥有商誉的商标（驰名商标）；在相同、近似或其他商品上使用他人于 WTO 成员方或巴黎公约联盟成员方承认的驰名商标。

（八）商标侵害的救济方式

侵犯商标权的救济方式包括：要求停止侵权（即签发禁止令）；要求赔偿损失或相当利益；要求侵害人消除相关侵权标识；如果物品无法消除侵权标识的，可要求销毁该侵权物品，或者要求上交侵权物品等。

在本国融入世界知识产权制度方面，文莱是 WTO 成员，受到该组织 TRIPs 协议的约束。2005 年，文莱与新加坡、智利、新西兰共同发起跨太平洋伙伴关系（即 TPP），承诺在 TPP 成员间加强知识产权合作，在 2015 年 10 月 TPP 终于达成协议，在 TPP 协议中有关于成员国之间加强地理标志保护方面的内容。2012 年，文莱加入了《巴黎公约》，但尚未加入《马德里协定》。因此，文莱也可直接适用《巴黎公约》提供的便利途径，为其他 WTO 成员方提供国际地理标志商标的保护。

第二节　新东盟四国的地理标志保护制度研究

在新东盟四国（越南、缅甸、老挝、柬埔寨）中，越南的地理标志保护法律制度比较完善；老挝、缅甸、柬埔寨是东盟十国中最不发达的三个国家，经济发展落后，在一定程度上决定了这些国家地理标志保护水平较低。但是随着这几个国家陆续加入 WTO，为了执行 TRIPs 协议，也逐步建立起了完善的地理标志保护法律制度。

一、越南地理标志法律制度概述及评价

越南位于中南半岛的东部，北与我国接壤，西与老挝和柬埔寨交界，东面和南面濒临南海。越南处于北回归线以南，属热带季风气候，高温多雨。越南除了矿产资源丰富外，还有优越的渔业资源和森林资源。越南当前还属于传统的农业国家，农业人口占总人口的 75％左右，耕地和林地面积约占 60％，主要盛产玉米、稻谷、番薯、马铃薯和木薯等粮食作物，还盛产咖啡、茶叶、蚕丝、花生、胡椒、腰果等经济作物，越南水果资源丰富，有菠萝蜜、芭蕉、椰子、榴莲、荔枝、番荔枝、山竹、桂圆等。据越南知识产权办公室相关负责人介绍，该国有将近 1000 种传统农产品有良好的品质和声誉，且与特定区域相联合，未来均可注册为地理标志产品，越南具有保护地理标志产业的优势和现实需要。

但是，越南也面临着本国地理标志在国外被侵权的问题，如享誉世界的"邦美蜀咖啡"，它出产于越南中部高原的中心城市——多乐省首府邦美蜀市。该市具有悠久的文化特色，其土地是由火山喷发形成的玄武岩组成，土壤肥沃。同时该地区属于热带草原气候，有两个截然不同的季节：干季，从 11 月到次年 4 月；雨季，从 5 月到 10 月。而雨量大和时间长的雨季对咖啡树的生长非常重要，也给该地区形成了诸多河流和湖泊。自 1857 年咖啡被引入该地区种植以来，种植咖啡、饮用咖啡已经融入当地居民的文化之中。目前，多乐省是越南咖啡的主产地，邦美蜀也被称为"越南咖啡之都"，且每两年举办一届"邦美蜀咖啡节"。2012年越南首次成为世界最大的咖啡出口国。但是，由于缺乏对地理标志的

保护，"邦美蜀咖啡"的中、英文商标就一度被中国广州一家咖啡企业在中国抢注，另外邦美蜀所在的多乐省的名称也于1997年被一家法国公司在法国抢注，并在10个国家申请了保护，这都给"邦美蜀咖啡"地理标志产品的生产商和贸易商的利益产生了不利影响。

（一）越南地理标志保护立法的进程

在越南，地理标志保护立法可以分为两个阶段。第一阶段是《越南民法典》（1995年）保护地理标志的阶段，时间是1996年7月至2006年7月。由于越南立法保护地理标志的时间较早，所以涉及地理标志的名词在不同时间段就不统一，主要有"来源标识"和"原产地名称"两种，前者是指"产品源自某个特定地理区域的标示"，后者是指"某个产品源于某个特定的地理区域，且产品的质量归因于该地域环境、自然和人文因素"。值得注意的是越南是唯一加入《马德里协定》的东盟国家，因此1995年《越南民法典》对"原产地名称"的定义就借鉴了《马德里协定》《里斯本协定》等国际条约的内容，并规定了具体的实施细则。此外，该阶段涉及地理标志保护的法律还有《有关商业秘密、地理标志、商号以及反不正当竞争的知识产权法令》，以及2005年6月修改通过新的《越南民法典》，规定了地理标志属于知识产权的保护范围，具体在《越南民法典》第六章的"知识产权与技术转让"中予以规定。第二阶段是《越南知识产权法》作为地理标志保护依据的阶段。为了解决国际社会对越南知识产权保护不力的指责，并保证知识产权法律体系的协调和统一，2005年11月，越南国会颁布了统一的《越南知识产权法》，并于次年7月正式实施，这是越南知识产权保护历史上的里程碑，标志着越南知识产权法律体系的成熟。该法共有总则、版权及邻接权、工业产权、植物品种权、知识产权保护、附则6编，并且规定地理标志、商号和商业秘密，如符合规定，也可以得到保护。❶

---

❶ 何华："越南知识产权法的新发展"，载《知识产权》2007年第1期。

（二）越南地理标志保护种类

根据越南对地理标志的界定，❶ 在越南可以用地理名称、标识符号和图像来表示地理标志。在越南，可以注册为地理标志的产品种类包括食品、酒类、农产品、林产品、工艺品。

越南同时规定，未注册为地理标志的农产品，如果符合相关规定，也可以得到保护。即该农产品要"具有地理标志的产品声誉、质量和特点"，对此可理解为：（1）基于消费者的信任，该产品声誉已广为人知，并被消费者所认可；（2）产品质量或特点由一个或多个定性、定量的化学、物理、微生物学等可见的指标决定，并可由技术手段或恰当的测试方式检测。

（三）地理标志注册管理

1. 地理标志申请注册的主体

根据 2005 年《越南知识产权法》的规定，越南的自然人、企业、代表企业或个人的集体组织，或者该地理标志所属的当地行政管理机构均有权提起地理标志注册申请。

此外，在越南定居的外国人，或在越南具有生产经营场所的外国企业和个人，也可以直接申请地理标志，也可以委托其在越南的合法代理人申请。申请国外地理标志的，须提供以下信息：（1）申请人的名称、地址和国籍；（2）地理标志名称；（3）英语翻译或者拉丁字母的音译（如地理标志名称中含有非拉丁字母的）。需要提供的具体文件为：（1）申请人的委托代理授权书（不需公证，复印的授权委托书也可以，但必须保证原件是自申请人 1 个月内签发）；（2）地理标志（或原产地名称）在产品原产国获得保护的证明，或者申请人具有原产国有关机构颁发的有权使用地理标志（或原产地名称）的公证文件（须备案）。

值得注意的是，越南政府认为地理标志是国家有价值的资产，为法

---

❶ 《越南知识产权法》（2005 年）第 22 条规定，地理标志意味着一个表明一种来源于一个特殊地区、地点、辖区或国家的产品标识。

律所保护，该观点还体现在具体的法律规定中。2005 年越南《知识产权法》明确规定地理标志注册权属于国家，这就意味着越南地理标志的所有者是国家，注册成功的申请人只有使用权。

2. 地理标志注册管理机构

越南地理标志主管部门是国家知识产权局，主要负责著作权及邻接权、专利、商标、地理标志等与知识产权相关的审批和行政管理事务，该局隶属于国家科学技术部。知识产权局下设地理标志部，负责对地理标志的申请注册以及信息发布等工作。

3. 地理标志注册申请的条件

在越南，要申请注册地理标志，须满足以下条件：（1）申请表所列地理标志的产品来源于某一地理区域；（2）该地理标志产品的质量、特征、声誉取决于上述地域的自然和人文因素，自然因素应包括气候、地理、水文、地质、生态和其他自然条件，人文因素包括生产者的知识和技能，以及当地的传统生产过程。

以下情况不得申请注册为地理标志：（1）在越南，该产品名称或标志已经成为物品的通用名称或标志；（2）在原产国已不受保护、不再保护或使用的外国地理标志；（3）与一个已受保护的标志相同或类似，如果授予地理标志会使消费者对产品来源产生混淆；（4）容易使消费者对产品真正地理来源产生误导的地理标志。

4. 地理标志申请注册程序

2007 年，越南国家科学技术部发布了 01/2007/BKHCN 号令，规定了各类知识产权注册与登记的具体程序、登记注册费、时限、申请注册的文件要求、文件形式和保护内容等。随后在 2010 年和 2011 年两次进行修改，对国内知识产权的管理程序进行了简化。

根据上述法令，越南地理标志注册申请的具体流程如下。第一阶段为申请受理和形式审查，形式审查时间为 1 个月，自收到申请时起算。申请地理标志时必须提交书面申请，一份申请只能申请一个地理标志，且要对地理标志产品的质量、特征、声誉等进行描述，并提供受保护地理标志产品的具体地理区域。规定的文件包括：（1）注册登记的声明；（2）文档、示例、标识登记的地理区域；（3）缴纳费用的票据。另外还规定了文件的具体要求，如文件文字为越南文，每个文档的页面要用阿拉伯数字标注页面，有关的术语、符号、测量单位等必须遵照越南的标准，申请人可以修改申请文件，但必须在修改部位签名或盖章。第二阶段为公布有效申请和实质审查，在公布有效申请之日起2个月内，利益相关方可以向知识产权局提出异议，其后进入实质审查阶段，实质审查期限为6个月。第三阶段为作出授予或拒绝地理标志注册的规定，地理标志一经注册登记，知识产权局就要公布该地理标志保护的内容。

5. 保护期限

经过登记注册的地理标志，申请人获得地理标志的使用权，该权利的有效性没有时间限制。

（四）对地理标志使用的监督管理

国家可以直接授权给当地专属的农产品地理标志组织使用，也可以授权给农产品地理标志的生产者，地理标志使用的具体管理由中央层级下的省和市人民委员会管理。此外，知识产权局会提供已注册地理标志的一般公共信息，以满足人们对越南地理标志产品保护和消费者的信息需求，在知识产权就有关地理标志保护的网站上，每个地理标志的信息包括地理标志名称、产品名称、注册号、产品地域，管理组织、地理标志协会/学会，质量管理机构，组织/个人授予使用地理标志的权利的具体情况，以及产品形象等内容，且每个地理标志的信息不断更新。

自2001年起，越南开始受理地理标志注册申请以来，共注册了41件地理标志，涉及的产品种类主要有咖啡、柚子、火龙果、板栗、荔枝、葡萄、桔子、蜂蜜、柿子、香蕉等农林产品。具体名称有"邦美蜀咖啡""端雄（县）柚子""平顺（省）火龙果""谅山八角""青河荔枝""荣市橙子""新刚茶叶""和禄芒果""文安（县）肉桂""重庆（县）板栗""黑婆番荔枝""俄山蒲草""富国鱼露""茶眉桂皮""苗旺（县）薄荷蜂蜜""和平高峰橙"等。❶ 目前，越南国内注册的地理标志数量在东盟内居于第2位，仅次于泰国。另外，越南还有一些种植商通过注册集体商

---

❶ 参见越南知识产权局网站 http://www.noip.gov.vn/数据。

标来保护地理标志，如"Cho Gao 蓝火龙果""Vinh Kim 金星果""和禄（Hoa Loc）芒果""Ngu Hiep 榴莲"，但这些都是少数产品。此外，越南也是《马德里协定》的成员国，接受他国在该国的地理标志商标注册，如我国重庆的"长寿血豆腐"已在越南注册为证明商标，泰国东北部的丝绸也在越南注册为地理标志产品。

综上所述，越南地理标志的保护模式类似于法国的专门法模式，这与越南曾较长时间受法国殖民统治相关，其知识产权法律体系与法国有很多相似之处，且在实践中也乐意与法国等国进行合作，如 2015 年 11 月越南科学技术部与法国开发署（ADF）联合推出一个旨在提高越南地理标志的项目，该项目将投入 130 万美元，用于借鉴欧盟特别是法国的经验和方法，以提升越南地理标志的注册登记与管理监督系统，并加强越南在该领域与区域和国际社会的联系。目前越南共有 3 种产品在国外注册为地理标志，其中"富国鱼露"在欧盟市场登记为地理标志。越南科学技术部副部长陈越清（音）认为："当前越南需要适当的政策和解决方案，使地理标志成为提升产品生产和商业化的有效工具，我们需要在政策和现实中予以突破，该项目的成果将会对政府机构进行微调，提高地理标志在市场上的作用，并促进越南与包括法国在内的欧盟国家的经济合作。"❶ 另外，由于越南没有专门的地理标志保护法，具体保护制度的上位法是知识产权法，这与中国或其他东盟国家的差异较大，也给中国与越南地理标志的合作带来了一些障碍。此外，越南也已加入跨太平洋伙伴协议关系（TPP）谈判，承诺与 TPP 成员国加强包括地理标志保护方面的合作，随着 TPP 协议谈判的完成，越南也将会提高地理标志的保护力度，承担更高的国际地理标志保护义务。

二、柬埔寨地理标志法律制度概述及评价

柬埔寨旧称高棉，位于亚洲的中南半岛，西北部及西部与泰国接壤，

---

❶ 见 "French Development Agency helps to develop Geographical Indications in Vietnam"，http：//vovworld. vn/en-US/News/French-Development-Agency-helps-to-develop-Geographical-Indications-in-Vietnam/383798. vov。

东部及东南部与越南毗邻，东北部与老挝交界，南部则面向暹罗湾。柬埔寨属于热带季风气候，各地气候差异较大，该国渔业、林业和果木资源比较丰富，盛产贵重的紫檀、黑檀、柚木、铁木等热带林木，洞里萨湖是东南亚最大的淡水湖泊，有"鱼湖"之称。柬埔寨是传统农业国，农民以种植稻米为主，工业基础薄弱，经济比较落后，是世界上最不发达国家之一，客观上有发展地理标志产业的需求。

但是，落后的经济条件也决定了柬埔寨的知识产权法律比较滞后。目前柬埔寨与地理标志保护相关的法律是 2002 年颁布的《柬埔寨不公平竞争法》和《柬埔寨商标、商号法》，柬埔寨商务部部长认为，柬埔寨政府希望起草更多的法律，包括保护地理标志（说明特定产品起源）、商业秘密，以及使公司避开医疗专利的法律。2004 年，柬埔寨加入了 WTO，受到 TRIPs 协议的约束，决定了其必须履行保护知识产权的国际义务。但柬埔寨知识产权法律保护整体上还很落后，如柬埔寨商务部知识产权部门负责人认为，对知识产权缺少了解以及资金问题正对知识产权领域造成不良影响。"知识产权是一个新的概念，知识产权意识在柬埔寨仍然很低，因此很难实施知识产权法律，"他解释道，"我们缺乏这方面的一切东西，这包括资金、技术援助和人力资源领域"。Ly Phanna 证实："公众的知识产权意识仍然远低于所期望的水平。我们没有资金通过媒体宣传来促进知识产权——媒体宣传是普遍提高知识产权意识的最好方式。而且还缺少高棉语的知识产权学习材料。"

在地理标志法律制度方面，柬埔寨主要适用 2009 年颁布并实施的《受保护的地理标志产品的注册手续和保护程序的法令》，由于国内没有柬埔寨地理标志的相关研究，所以我们对该法令进行了翻译，以下是该法令的具体内容。

第一条　法令目标

管理、注册、认证和保护柬埔寨国家的地理标志。

第二条　法令目的

为了保护生产者、经营者、消费者基于地理标志产品的知识产权，同时保护和加强知识、传统文化和民族认同，为农村创造就业机会，促进社会发展，减少贫困，吸引游客，创建一个管理、注册、认证和保护地理标志的程序。

第三条　适用范围

所有在柬埔寨生产或加工的农产品、食品、手工艺品、其他产品，只要符合本法规定，都可以在本国以地理标志予以注册和保护。

第四条　定义

该法令所用术语应作如下定义

1. "含有一个地理标志的商品标志"是指一个名称、符号或任何其他标志，其用于指示或代表一个地理原产地，且可以识别货物等源自于某个地理区域，该产品的质量、声誉或其他特征实质性地取决于其地理原产地。

2. "申请书"是指注册地理标志的申请书。

3. "申请者"是指自然人或法人，凡是与地理标志注册有利益关系的协会、生产者、生产者组织、经营者均可申请。

4. "经营者"是指参与到地理标志产品的收购、加工、改造、交易、配送的自然人或法人。

5. "官方公报"是指商务部知识产权署发布的官方公报。

6. "规范手册"是指申请者制定的规范，它限定了地理标志产品的地理区域、生产条件、资格审查程序等。

7. "管理"是指由指定的部门或机构，对产品是否符合规范手册的检验与监督。

8. "注册"是指地理标志的注册。

9. "日"是指公历日。

10. "认证机构"是指根据规范手册，颁发合格证书的组织。

第五条　赋予的权利

当依照该法令，在商务部知识产权局进行地理标志注册后，符合规范手册的生产商和/或经营者应享有使用地理标志的绝对权利，这些权利是不可转让的。

第六条　知识产权局的职责

商务部将有关柬埔寨地理标志管理、注册、认证、保护的权力授予知识产权局。

知识产权局主要负责：

受理和审查申请书；

审查规范手册；

对反对和异议进行受理；

登记地理标志；

协调与地理标志有关的冲突；

管理地理标志登记簿；

发布地理标志注册的官方公报。

第七条　注册申请

1. 申请注册，须按照商务部知识产权局规定的附件 1 的要求提供文件和表格。

2. 申请书应以高棉语或英语提交。如所需的注册文件初始语言非高棉语或英语的，应附有高棉语或英语翻译。

3. 注册登记的要求文件如下：

a. 申请书一份；

b. 规范手册一份；

c. 地理标志协会的授权书，且应由地理标志所在地的律师、公证部门、公共管理部门公证；

d. 申请书规定的相关其他文件。

第八条　申请的撤回

申请者可以在任何时候向商务部知识产权局以书面声明的方式撤回注册申请。

第九条　注册管理费

柬埔寨地理标志保护的申请人应支付管理费和其他相关费用，具体应参照商务部、经济财政部等部长级会议确定的商标注册和其他相关行政事业收费标准执行。

第十条　申请的审查

1. 对注册申请，知识产权局应自收到注册申请文件之日起 90 日内，启动初步审查程序。

2. 知识产权局应对注册申请尽可能进行准确审查，审查提交的文件是否符合第七条的规定，并出具归档或驳回归档的官方指令。

3. 归档指令应由申请日和申请书编号等予以识别。

4. 申请被驳回的，须明确驳回的理由并通知申请人。申请人可以在规定期限内修改申请书，否则视为放弃申请。

5. 下列地理标志不得注册：

(1) 已成为通用术语的标志；(2) 对种植的植物或任何类型动物的名称命名有影响的标志。

6. 地理标志的注册登记应在官方公告上予以刊登。

第十一条　申请的实质审查

1. 必要时，商务部有权决定附加任何条款，对申请的实质内容进行审查。

2. 对于商务部核定的认证机构的审查效率，知识产权局应予监督。

3. 在实质审查过程中，知识产权局可以通知申请人或任何相关人提供补充说明或证据。如有必要，知识产权局可以征求该领域专家的意见，以便考虑并做出决定。

4. 对是否符合地理标志规范手册的认证，应由足够胜任且公正的政府部门、公共组织或官方认可符合国际标准化组织的私营组织予以担任。认证必须符合 ISO 第 65 号指南，或者任何商务部与 ISO 签订的协议。

颁发地理标志产品质量合格证书的组织应每年 12 月 31 日前向知识产权局报送年度报告，内容包括经营者名单、产品、数量确认或受处罚信息（如有）。

5. 申请人可以自行选择认证机构，此选择是申请的一部分，且须由商务部知识产权局审查批准。

6. 任何不遵守规范手册的生产商或经营者，合格认证机构应采取如下适当的措施和惩罚：

——对生产商或经营者进行备案；

——对生产商或经营者警告；

——对某一批次产品认定不合格；

——临时撤销生产商或经营者使用地理标志的权利；

——明确撤销生产商或运营商使用地理标志的权利。

第十二条　有效期限和续展

已注册的地理标志的有效期限和续展应符合有关商标、商号、反不正当竞争法或其他法律的相关规定。

第十三条　已注册的地理标志的撤销

在以下情形规定的到期日前，商务部有权撤销已注册的地理标志：

——没有采取任何规范手册规定的管理措施；

——在变更或注册的程序中，申请人不能应知识产权署的要求提供附加文件或资料。

第十四条　其他实施程序和惩罚

与该法令有关的地理标志反对和异议程序、临时和边境措施、代理、惩罚措施等实施，应符合有关商标、商号和反不正当竞争等相关法律的规定。

第十五条　效力

该法令自签署之日起生效。

综上所列，柬埔寨的地理标志注册法令详细地规定了该法令的目标、目的、术语定义、地理标志权利人的权益、知识产权局的职责、注册申请文件要求、初步审查与实质审查、注册费用、有效期限和续展、撤销、实施和惩罚措施、效力等内容。尽管法令比较简单，但笔者认为，该法令能够基本满足柬埔寨本国保护地理标志的要求，能够促进该国地理标志的保护与发展。

自该法令通过后，柬埔寨的受保护农产品地理标志计划（PGI）得到了法国国际开发署（AFD）的援助，且获得了一定成效。2010 年，"磅士卑棕糖"和"贡布黑胡椒"成为在柬埔寨商务部注册的首批地理标志保护产品。柬埔寨商务部官员认为，上述两项产品获得注册后，可以避免其他产地的农产品冒用地理名称，或避免社会公众对注册地理标志名称的误导。同时还可以阻止别有用心者利用该产品商标，损害产品声誉。另一方面，"磅士卑棕糖"被列为地理标志产品后，能有效阻止糖棕树的砍伐，糖棕树在柬埔寨被封为国树，磅士卑省是柬埔寨糖棕树种植最多的省份。"贡布黑胡椒"注册为地理标志后，该国的胡椒产业也得到了较快发展，在 2013 年 WTO 举办的第四次贸易援助研讨会上，"贡布黑胡椒"生产商组织负责人在会议上指出："在柬埔寨建立地理标志制度面临诸多挑战，但地理标志带来的好处远超困难，在 4 年半的时间内，因为建立了地理标志保护，生产者组织的营业收入增加了 4 倍。促进和发展地理标志是推广区域的有效工具，它可以保护我们的传统遗产，它促使生产商、市场经营者和监管部门更好地协作，并提高了产品的质量和控制系统。"2016 年 3 月，"贡布黑胡椒"地理标志产品获得了欧盟认证，未来只有在该国的贡布市（Kampot）和白马市（Kep）出产的黑胡椒，才可以叫作"贡布胡椒"（Kampot pepper），这也是柬埔寨获得的首个欧盟认证的地理标志产品，该产品在欧盟市场上的价格增长 10 倍左右。"贡布黑胡椒"在欧盟市场的成功，也激发了棕榈糖的生产商，他们也希望该产品未来能获得欧盟的地理标志产品认证。

另外，最近几年来，"暹粒鱼酱（波罗福）""马德望香米""柴桢红米""贡布鱼露""贡布榴莲""马德望橙子""桔井柚子""蒙多基里蜜糖""班迭棉吉省普农宿县丝绸""白马螃蟹"等产品也已经或正在申请地理标志产品注册认证。

三、缅甸地理标志法律制度概述及评价

缅甸西北与孟加拉国和印度为邻，西南临安达曼海，东北与中国接壤，东南靠近老挝与泰国，缅甸一年四季气候温和，森林覆盖率在 50% 以上，物产丰富。当前，缅甸国内经济以农业为主，农业人口超过 60%，主要粮农作物为水稻，另外还盛产小麦、玉米、棉花、花生、黄麻、甘蔗等；缅甸林产品也很丰富，盛产柚木、铁力木、藤、竹等，是世界柚木产量第一大国；缅甸矿藏资源也很丰富，全球 95% 的翡翠、树化玉产自该国。缅甸具有保护和发展地理标志产业的基础和潜力。

由于缅甸整体经济比较落后，国民对于知识产权的保护意识淡薄，因此，对该国内有特色的农副产品缺乏地理标志法律制度的保护。如缅甸玉石尤其是翡翠世界闻名，但是，该国并未对翡翠申请地理标志保护，所以在全球市场上假冒的"缅甸翡翠"层出不穷，同时缺乏统一的质量标准，不利于缅甸玉石产业的发展。如在中国烟台 2011 年国际黄金珠宝工艺品展览会上，标注"缅甸翡翠"A 货的吊坠最便宜的只卖 30 元，一

个翡翠手镯标价也从几十元到几千元不等，而某摊位一尊翡翠观音标价要数十万元。真假"缅甸翡翠"鱼龙混杂，良莠不分。

（一）缅甸地理标志保护法律制度概述

缅甸保护知识产权的法律制定在东盟内比较滞后，直到 2006 年才引入保护知识产权的法律，其相关的知识产权保护法律是以 WIPO（世界知识产权组织）的指南为基准，并借鉴了其他东南亚国家的法律，主要内容包括了 WIPO 所保护的基本权利类型，即发明权、工业设计、商品商标注册及专利权等，并规定了违法可能承担的民事和刑事责任。缅甸国内保护知识产权的力度较弱，该国 2007 年加入 WIPO，是东盟国家中加入 WIPO 较晚的国家。

由于缅甸没有专门保护地理标志的法律，因此，只能通过商标注册对地理标志进行保护。目前缅甸没有专门的商标注册法律体系，但其早在英国殖民时期就建立了商标注册制度，商标注册可以通过《注册法》第 18（F）获得。该注册制度更像一种登记制度，商标权不是由某个政府部门授予的专用权。因此，商标在缅甸是属于普通法概念上的保护。在缅甸，商标注册的申请手续非常简单，且没有注册商标不使用撤销等规定，以下是对缅甸商标注册的简单介绍。

1. 缅甸商标申请

如想要在缅甸申请商标注册，可以向该国商标注册局提交所有权声明，所有权声明应包括申请人签名、商标名称等。在缅甸，所有权声明只是诉讼过程中的初步证据，在具体的民事或刑事诉讼中，当事人出具所有权声明将会对诉讼起到很大的帮助作用。所有权声明并不是商标专用权的最终凭证，申请人提出商标注册申请后，注册局受理后还要进行审查。由于所有权声明是申请人单方面的事实陈述，所以为了提高该声明的证明效力，通常情况下要求司法官员、地方官员或者公证人员的认证。

在具体的商标注册过程中，申请人还应提交以下文件：商标使用人在制造或销售的商品上使用该商标是以销售为目的的；该商标是由申请人创造出来的，且不存在模仿或假冒他人商标的情形；据该申请人所知，目前尚不存在该商标被他人在类似商品上使用的情形。

如果有不同申请主体同日申请同一或类似商标，缅甸是采用"使用优先制"解决该问题，注册局根据商标使用的原始凭证认定权利人。

2. 缅甸商标的构成要素

缅甸民事法律中没有对商标的构成要件和具体含义的详细规定，但一般认为，商标应具有"显著性"，一个商标最好包含一个或多个具有"臆造性标志"的词语，不同颜色的组合也可以注册为商标。但是，如果一个商标仅描述了某种商品的品质或产地，即该商标是"描述性标志"，那么该商标由于很难区别该商品的不同经营者，则该类商标不能被注册。另外，在缅甸刑法第 478 条中有以下表述，商标是"代表特定的人生产产品或商品的标志"。

3. 缅甸商标的登记与公告

在缅甸，商标的注册采用登记制，当授权律师将业者文件呈报后，当地执法局将根据有关呈报上的申请注册，在具体的商标登记簿上予以登记，且当局会将一个临时的注册号码发给申请者。业者申请文件一般包括商标注册申请书、商标注册委托书和 5 份清晰打印的商标图样。

一般商标所有权声明登记需要 3～4 个月登记完成后，注册人或其代理人可在缅甸语或英语报纸上刊登公告，即"商标警告（或敬告）通知"，以提醒公众该申请人当前已经获得了商标权，商标注册程序即告完成。该公告并非强制，但是因为没有官方公告，而且商标注册也不供公众查阅，所以通常会进行公告。"商标警告通知"通常包括商标所有人的名称、注册号，商标图样和对未经授权使用该商标的警告。

4. 外国人商标注册说明

缅甸不属于《马德里商标国际注册》成员国，因此不能通过原属国的注册当局，向 WIPO 国际局提出商标注册申请，以便延伸到缅甸进行保护。外国人要想在缅甸申请注册商标，还必须委托授权该国律师予以办理商标申请事项，有关授权文件必须在该国的大使馆签署执行，委托事项主要为该代理律师有权在公证人前执行签署、呈报及接收文件等。商标注册程序所需时间一般为 2～4 个月。

5. 商标注册有效期及续展

缅甸注册商标的有效期为 3 年，自提交商标申请日起；注册商标续展必须在商标注册期满前 6 个月内完成，续展有效期为 3 年。根据惯例，缅甸商标续展的方式有以下三种：通过声明的方式重新注册，通过当地报刊重新公布，通过重新注册和重新公布的结合方式。

6. 商标注册的效力

在缅甸，商标获得注册后，商标持有人就可以采取打击假冒商标等行动，以维护自己的商标权利。但是，缅甸采用的是商标使用主义，对商标的保护一般是以使用为基础，商标注册的作用更多是为了抵制他人仿冒。因此，曾经使用过的特有品牌或者标签是否符合商标的构成要件并不重要，只要该品牌或标签在商业活动中使用过，就可以得到法律的保护，因为经营者可以通过商业活动的使用，已经用于识别某种商品或服务，就获得了商标的功能。这是英美普通法直接可以适用"假冒之诉"，打击假冒商标（包括因使用而获得商标权功能的商标）行为所特有的优势所在；而在其他采用商标注册制的国家，对于未注册商标的保护，则只能通过《缅甸反不正当竞争法》来实现。目前缅甸打击商标假冒行为可适用刑法，打击商标侵权行为应适用该国的特定救济法和商品商标法令。

（二）缅甸地理标志保护现状评价

有鉴于此，笔者认为缅甸政府应该尽快建立自己的地理标志法律制度，对本国具有特色的农副产品予以地理标志这一新型的知识产权保护。在此，可以借鉴中国的经验，因为中国自古以来就有玉石使用的传统，形成了浓厚的玉石文化内涵和巨大的经济价值。如"蓝田玉"获得地理标志产品保护以来，生产企业、销售额、产品价格等均获得了较大提高。❶ 据

---

❶ "蓝田玉"在获得地理标志产品保护前，市场上充斥着诸多假冒产品，蓝田玉经营困难，西安生产蓝田玉的企业不足 50 家，年销售额不足 2000 万元，自获得地理标志保护后，生产企业迅速增加至 320 家，年销售额达到 6000 多万元，市场上加贴了地理标志保护标志后的产品价格比没有贴标的产品价格高出一倍多。参见原建军："蓝田玉获地理标志产品保护年销售额翻 3 倍"，载《西安日报》2007-8-22。

了解，在目前中国珠宝玉石类产品中，已经被批准为地理标志保护产品的有"蓝田玉""独山玉""岫岩玉及岫岩玉制品""菊花石""英石""合浦南珠""流沙南珠""广绿玉""昆仑玉""东海水晶""玛纳斯碧玉"等。另外，"龙陵黄龙玉雕""南阳玉雕""罗甸玉""华安玉雕"等也注册为地理标志证明商标。

近年来，为了提高本国的地理标志保护水平，缅甸政府采取了多种措施，并积极与国际社会合作。如2015年3月23日，由联合国国际贸易和发展会议（UNCTAD）与联合国粮食与农业组织（FAO）主办，意大利政府资助的"如何让地理标志服务缅甸"的研讨会在仰光举办，与会专家讨论了缅甸运用地理标志面临的机遇、挑战、经验和教训等问题。该研讨会认为，缅甸是以农业经济为基础，拥有丰富的生物多样性和工艺品的国家。地理标志的保护给缅甸提供了一个契机，如可以帮助促进"塔纳卡水粉"（缅甸语为 Thanakha）的开发，该美容霜是从树皮中提取的，具有独特的香味。另外，还有缅甸莱茵湖地区的人们生产的莲花纤维长袍。该研讨会还认为缅甸的柚木、茶叶、特定种类的宝石等也具有地理标志保护的潜力。缅甸科技部副部长巴丹瑞对此次研讨会予以高度评价："最重要的是本次活动由联合国贸发会议组织，将会提高缅甸农村农产品，工业产品和手工艺品的地理标志保护意识，将会促进农业发展，增加生产者收入，促进农村的活力。"

为了提高缅甸的科技和知识产权水平，缅甸正计划建立一个技术和创新支持中心（TISC），以发挥科技和知识产权在国家的经济发展中至关重要的作用，该中心也将帮助创新者和研究人员在发展中国家推广信息技术有关的工作，创造、保护和管理知识产权。2015年，缅甸科技部拟设立知识产权注册局，也正在起草商标法，其中规定了与地理标志相关的法律制度，该法有望成为缅甸第一部有关知识产权的法律制度。总之，当前缅甸的包括地理标志在内的知识产权整体保护水平仍然很低，未来需要继续努力提高。

四、老挝地理标志法律制度概述及评价

老挝属于内陆国家，位于中南半岛北部，北邻中国，东接越南，南

接柬埔寨，西北达缅甸，西南毗连泰国。老挝境内的山地和高原占国土面积的 80%，有"印度支那屋脊"之称，森林覆盖率高。老挝属热带、亚热带季风气候，主要分为雨季（5～10 月）和旱季（11 月～次年 4 月），年平均气温约 26℃，全境雨量充沛。老挝境内矿产资源、水资源、森林资源非常丰富，但总体而言，老挝以农业为主，工业基础薄弱。老挝国内的农作物主要有水稻、薯类、玉米、烟叶、咖啡、花生、棉花等；老挝国内还出产野生灵芝、野生松茸、铁皮石斛、燕窝、沉香手串、沉香粉、沉香片（烟伴侣）、野生蜂蜜、地蜂酒、有机山稻等林产品；另有黄花梨、大红酸枝、檀香木、龙脑香木、红木、柚木等名贵木制工艺品；热带香料有安息香、沉香、肉桂、苏木等；植物药材有鸡血藤、紫胶、砂仁等；水果有橙子、芒果、椰子、菠萝、香蕉、桔子、西番莲、红毛丹、番木瓜、荔枝等。老挝具有保护和发展地理标志的基础和潜力。

目前，老挝的知识产权法律体系主要由知识产权法和两部总理法令构成，主要是对专利和商标进行最基本的保护。与地理标志保护有关的主要是关于商标的总理法令、关于商标注册的规定以及知识产权法。其中前两个法律规范中列有集体商标和证明商标的注册与管理，《老挝知识产权法》则列明保护工业产权、著作权及相关权利（邻接权）、植物新品种权，其中工业产权包括专利（发明）、小专利（实用新型）、工业品外观设计、集成电路布图设计、商标、原产地权（source of origins）、商业秘密等，并在第 2 条中定义了"集体商标"和"证明商标"，❶ 初步建立了地理标志保护框架。老挝于 1995 年 1 月加入 WIPO，1998 年 10 月成为《巴黎公约》成员国，2012 年 10 月加入 WTO，是东盟中最后一个加入 WTO 的国家，以下是对老挝有关地理标志保护法律制度的具体阐述。

（一）老挝商标法制度保护地理标志概述

1. 商标注册申请

要想取得商标专用权，就必须进行商标注册。在老挝，只有经核准

---

❶ 见 Lao's Intellectual Property Laws Section 9：Industrial property Industrial property consists of：1. Patent，2. Petty patent，3. Industrial design，4. Trademark，5. Integrated circuits，6. Source of origins，7. Trade secret。

注册的商标，才受法律保护。在商标注册申请过程中，申请人可以委托代理公司进行处理。外国人在老挝申请商标享有优先权，❶《老挝知识产权法》第 29 条规定，申请人的优先权声明要在他国商标申请之日起 6 个月内提出，申请书可以用英语或老挝语提交。

商标注册申请要提交的文件：（1）商标注册申请书；（2）授权委托书；（3）商标的样本；（4）商品清单；（5）优先权文件；（6）申请费支付的收据。

在老挝，一份商标申请只能申请注册一个商标，且该商标只能注册在国际分类表中的某一类商品或服务上，即"一表一类"。此外，申请人提出商标注册时，需要提供拟保护的商标内容及图案样本 12 张，商标样本有规定的规格，各种颜色要区分清楚，以供不同部门审核使用。

2. 授予商标注册证书的条件

《老挝知识产权法》第 16 条规定授予商标注册证书应满足以下条件：（1）该标识具有显著性，可以很容易地识别，可由字母、单词、数字、图片、绘画、照片、人名、签名、图形以及三维结构、颜色组合，以及上述要素的组合组成；（2）该标识不含该法第 23 条规定禁止的特征；（3）该标识与他人在先注册的商标不相同或近似。

《老挝知识产权法》第 23 条规定以下标识不得注册为商标：（1）标识缺乏显著性，无法与他人或组织的产品、商品或服务相区别；（2）任何能够引起公众和商业社会对产品的产地、特点、质量产生误解或具有欺骗性的；（3）任何模仿或假冒他人商标，给消费者或用户造成误解的；（4）任何含有国徽、国旗、与宗教场所有关的标记、英雄及领导人的照片、老挝或外国城市及地区的名称及缩写；（5）国际组织的标记或徽标，国际组织授权使用的除外；（6）任何与他人在先注册的商标相同或类似的；（7）任何违背国家和平、社会秩序、规则、法律、文化和国家优良传统的标记。此外，根据 1995 年的商标法令，通用名称、一个地理名称或姓氏、恶意中伤或带有攻击性、直接描述商品/服务的特点或性质的标

---

❶ 《关于商标的总理法令》第三节第 15 条规定，如果申请人已经在国外注册了类似的商标，则该申请人在老挝享有申请优先权，但是其申请需要参照参加的国际条约或法律规范办理。

志也禁止注册为商标。

3. 商标注册的程序

初步审查。《老挝知识产权法》第 37 条规定了对申请工业产权文件的初步审查，要审查以下内容：（1）申请文件的完整性；（2）是否符合保护的条件；（3）权利要求；（4）申请费用支付情况。经过初步审查，如果认为申请文件没有填写完整，登记机关应当告知申请人自发出通知之日起 60 日内修改完成。

实质审查。《老挝知识产权法》第 40 条规定，经过登记机关的形式审查后，登记机关应当对拟申请的工业产权进行实质审查。

证书授予。《老挝知识产权法》第 42 条规定，工业产权申请经过审查后，认为符合法律规定条件的，知识产权管理机构应签发商标注册证书，并在知识产权杂志上予以登记和公告。

4. 商标注册无效

《老挝知识产权法》第 43 条规定，以下工业产权的注册无效：（1）注册证书已过有效期；（2）工业产权的所有人没有续展；（3）没有缴纳规定的费用；（4）注册后，没有按照法律规定的要求使用该工业产权。

5. 注册商标的有效期限

注册商标的有效保护期为 10 年，保护期限自申请日起计算。另外，注册商标到期前可以续展，续展后的有效期为 10 年，商标持有人需一次缴纳 10 年的商标注册年费。

6. 商标注册的主管机构

老挝科技部知识产权局商标处是老挝管理商标注册的法定机构。

7. 商标注册人的权利

在老挝，商标经核准注册后，商标注册人依法享有商标权，可以自己行使或许可他人行使商标权利。所有有关商标注册申请人的变动，或商标权利转让均为要式法律行为，均需要得到老挝科技部的批准方可生效。

8. 商标权的限制

《老挝知识产权法》第 55 条规定了对商标权人使用的限制规定，如果注册商标连续 5 年在老挝境内未使用的，政府应及时通知权利人并要求其在 90 日内提交书面解释，如果商标权人未予回应或者不能提供满意解释的，有其他利益相关方申请使用该注册商标的，政府应当同意该请求。

9. 侵犯商标权利的情形与处理

《老挝知识产权法》第 108 条第 2 部分规定了侵犯商标权的情形：（1）未经同意，擅自使用与已注册的商标或服务标记相同的标识的；（2）擅自使用与注册商标或服务标记相同或近似的标识，误导消费者，使消费者对商品或服务的真正来源产生混淆的；（3）擅自使用与驰名商标或服务标记相同或近似标识的；（4）使用的标识是以其他语言的音译或翻译后的形式表现的，但是与原驰名商标或服务标记的发音相似的。另外，该法第 111 条还规定了与商标有关的不正当竞争活动。

《老挝知识产权法》第 113 条规定了知识产权侵权解决途径：（1）在知识产权人与侵权人之间进行调解；（2）行政方式解决；（3）按照经济纠纷处理方式解决；（4）将案件提交法院审理；（5）国际争端解决。

注册商标持有人可以向科技部申请处理侵权纠纷，并提出侵权纠纷的处理办法。对于违反法律法规侵犯知识产权的行为，但不构成犯罪的，行政机构可处以损害价值 2 倍的罚款。构成犯罪的，处以 3 个月以上 2 年以下有期徒刑，并可处 50 万以上 500 万基普（老挝货币单位，英文为"kip"）的罚金；除此之外，还可以增加以下处罚：暂停或吊销经营执照，没收与犯罪有关的货物、设备、车辆等财产。

（二）老挝"原产地权"制度保护地理标志概述

在《老挝知识产权法》中，有以下条款专门涉及地理标志保护。

1. 与"原产地权"有关的定义

该法第 3 条"定义"中界定了"原产地来源"（source of origins）的定义，指"用于指明产品来源于特定国家、区域、地方的标志，该特定区域对产品的质量和声誉有重大影响"。

2. 获得"原产地权"的条件

该法第 19 条规定了授权"原产地"的实质要件：（1）它必须来源于自然因素，包括土壤、大气、水、环境等其他因素；（2）它必须来源于人文因素，包括生产和最初制作产品的知识、技能和经验。

3. 不能获得"原产地权"的情形

该法第 25 条规定了不得注册为"原产地名称"的情形：（1）拟注册的原产地名称已在老挝成为产品的通用名称；（2）拟注册的外国原产地名称，在原属国很长时间内没有得到保护和使用；（3）拟注册的原产地名称与受保护的商标相同或类似，会对该类产品的真实来源地产生误解；（4）拟注册的原产地名称，会引起用户对产品的真实来源地产生误解。

4. 提交申请文件的要求

该法第 34 条规定了申请"原产地名称"标志要提交的文件：（1）原产地标志的注册申请书；（2）授权委托书；（3）外国原产地证书的复印件；（4）缴纳规定费用的收据。

每一份申请书只能用于申请一个原产地标志，申请书可以以老挝语或英语提交。但是，以英语提交的申请书或文件应在申请之日起 90 日内翻译成老挝语，且正确翻译应当经过认证。第 41 条规定以下注册原产地标志的申请书被认定为无效：（1）申请表格填写不完整；（2）不符合保护原产地标志的条件；（3）注册申请书缺乏权利要求；（4）没有缴纳审查费用。

另外，第 35 条规定了外国人在老挝申请工业产权（"原产地权"属于工业产权）要提交的补充资料：（1）外国原产地产品的检验报告复印件；（2）外国原产地名称授权证书的复印件。

5. 注册"原产地"名称的程序

该法第 37 条、第 40 条、第 42 条规定了注册工业产权的程序，同商标注册程序一样，原产地标志要经过初步审查、实质审查、登记公告等程序，在此不再赘述。

6. "原产地权"保护期限

该法第 51 条规定了原产地权的保护期限：原产地权自获得原产地名称注册证书起生效，永久有效，注册费用一次缴清。

7. "原产地标志"使用的限制

该法第 57 条规定了原产地标志使用的限制，即如果个人或组织使用原产地标志时不符合注册时的规定条件，知识产权管理机构应通知该个人或组织，要求其按照知识产权保护规定的条件和时间框架内采取行动。如果不具备规定的条件且没有合适的理由，知识产权管理机构应责令其停止使用原产地标志。

8. 对原产地标志权利人的权利限制

该法第 100 条第 1 款（6）中规定，如果原产地标志注册登记前，与原产地名称相同或近似的标志已经注册为商标的，继续使用该商标的，不侵犯原产地权利人的权利。

9. 原产地标志的侵权情形与处理

该法第 108 条第 3 部分规定了侵犯原产地权的情形：（1）未按照规定的方式使用已受保护的原产地名称的；（2）使用与受保护的原产地名称类似的名称，以利用原产地名称的声誉和知名度的；（3）在不符合原产地名称的商品上使用相同或近似的原产地名称标识，误导消费者的。另外第 111 条还规定了使消费者对产品产地产生误导的，构成不正当竞争行为。

对于侵犯原产地标志的违法行为，适用与商标侵权相同的处理方式与惩罚后果，在此不再赘述。

（三）老挝地理标志保护的现状评价

综上所述，老挝的知识产权法律制度（包括地理标志保护制度）是以制定法为主的保护体系，这是因为老挝继承了原殖民统治国的知识产权保护体制，形成了大陆法系的保护体系，判例在该国基本没有法律效力。老挝国家科技部是负责包括一切知识产权事务的主管部门，下设省/市科技厅，管理地方有关的知识产权行政事务。

虽然老挝森林覆盖率高达 52%，本国特色农副产品非常丰富，但由于老挝整体经济比较落后，国民对知识产权保护的意识薄弱，该国对地理标志的保护远远落后于东盟其他国家。老挝富有特色的农产品因为缺乏地理标志的保护，在国际市场上遭遇诸多难题，如"布拉万咖啡"是在布拉万的火山土壤中种植的，生产过程坚持自然、传统、有机方式，具有独特的口味，其酸味、苦味和香味都恰到好处，在当地有 1800 多户农民生产，一直是当地农民创汇收入的主要来源，但是最近 3 年国际市场咖啡价格连续下降，给当地的咖啡种植商造成巨大损失。老挝咖啡理事会等行业协会认为，如果没有促销，老挝咖啡在国际市场上不会取得更大成功，而地理标志则是促销的有效工具，它可以使老挝的咖啡更有识别性和更值得信赖，促进该国咖啡的出口，并使种植商的收入更加稳定。目前，公开资料显示老挝国内没有登记一例地理标志保护产品（《老挝知识产权法》中为"原产地来源"证书）。在这方面老挝应积极向中国、越南等近邻学习。以林产品为例，中国目前已有"建宁黄花梨""安福陈山红心杉""李营法桐""鄢陵蜡梅""白石山铁皮石斛"等百余种地理标志林副产品；越南也有"端雄（县）柚子""谅山八角""文安（县）肉桂""重庆（县）板栗""俄山蒲草""茶眉桂皮""苗旺（县）薄荷蜂蜜"等 10 余种林副产品。此外，老挝还可以向泰国学习，将本国特色的农副产品和水果等注册为地理标志产品，如泰国已认证了素林府的茉莉香米、Sangyod Muang Phattha Lung 大米、清莱府普来菠萝、Nakhon-chaisri 柚子等 10 余种农副产品和水果类地理标志产品。

目前，老挝社会各界已经意识到地理标志对国内经济的发展的重要作用，也通过不同的途径提高本国的地理标志保护水平。如老挝科技部知识产权局 2015 年开始协调本国的地理标志登记程序和管理，为农产品注册为地理标志提供制度支持，目前老挝已经遴选出两个产品列入地理标志注册的优先名单中，分别是"布拉万咖啡"（Bolaven coffee）和"考凯河内糯米"（Khao Kai Noi sticky rice），同年老挝知识产权局新创建了地理标志与商标部门。另外，老挝还通过积极参加地理标志产品博览会等方式，提高国内农副产品在国际贸易中的价值，如老挝在 2014 年就参加了在越南河内举办的国际地理标志产品展览会。此外，联合国粮农组织（FAO）和法国国际开发署（AFD）也在老挝开展了一系列的地理标志合作项目，以提高老挝的地理标志保护水平，该项目正在积极帮助"布拉万咖啡"申请地理标志注册，另外还帮助"考凯河内糯米""琅勃拉邦省丝绸"和"丰沙里省茶叶"等了解地理标志的要求，最大限度地提高它们的市场价值。可以预见，随着老挝融入东盟经济体速度的加快，未来老挝的地理标志产品注册数量将会大幅度增加，对地理标志的保护水平也会显著提高。

需要注意的是，为了享受不同自由贸易区内的关税优惠，老挝现在也比较重视原产地证书的应用，如自2012年起，老挝国家工商会管理和发放中国—东盟自贸区原产地证书、东盟—韩国自贸区原产地证书、东盟—日本全面经济合作伙伴原产地证书、东盟—澳大利亚—新西兰自由贸易区原产地证书、韩国对最不发达国家优惠关税待遇原产地证书。但该原产地证书不是我们所讨论的范畴，它不具有任何知识产权的意义，只是说明该产品是在某个国家生产的，是为了获取国际贸易过程中的关税待遇，并不指明该产品的具体原产地，也不代表该产品特有的质量、声誉等特征。

第四章

中国—东盟地理标志法律制度的比较

第一节　中国—东盟地理标志保护的
实体法律制度比较

一、中国与东盟诸国间地理标志保护模式比较

目前中国采取的是混合模式，具体包括三种模式的保护：一是商标法模式，即依照《商标法》《商标法实施条例》和《集体商标、证明商标注册管理规定》，将地理标志注册为集体商标或证明商标；二是采用地理标志产品保护模式，即依照《地理标志产品保护规定》及相关保护细则，由国家质检总局将其登记为"地理标志保护产品"；三是农产品地理标志保护模式，即依照《农业法》和《农产品地理标志管理办法》，由农业部将其登记为"农产品地理标志"。

东盟诸国对地理标志的保护由其国内法自主规定，保护模式均体现了本国特色。首先是商标法模式，即注册为集体商标或证明商标，具体包括菲律宾、文莱和缅甸三国，其中菲律宾保护的法律依据是《菲律宾知识产权法》，文莱的法律依据是《文莱商标法》，缅甸是用商标注册制度来保护地理标志的，但缺乏专门的商标法制度；其次为专门法模式，即登记为地理标志产品，具体包括新加坡、马来西亚、泰国和越南四国，其中新加坡、马来西亚的法律依据分别是《新加坡地理标志法》《马来西亚地理标志法》，泰国制定了《泰国地理标志保护法》和相关规则，而越南的法律依据是《越南民法典》和《越南知识产权法》；最后为商标法与专门法相结合的模式，即既可以注册为商标，也可以登记为地理标志产品，包括印度尼西亚、柬埔寨和老挝三国，其中印度尼西亚的法律依据是《印度尼西亚商标法》和《印度尼西亚关于地理标志的政府条例》，柬埔寨保护地理标志的法律依据是《商标、商号法》和《受保护的地理标志产品的注册手续和保护程序的法令》，老挝国内的法律依据则是《关于商标的总理法令》《关于商标注册的规定》和《老挝知识产权法》。

二、中国与东盟各国对地理标志保护的期限的对比研究

商标法模式、专门法模式、混合模式等三种模式在中国与东盟各国的地理标志保护中均有体现，保护模式不同，则对地理标志的保护期限也不同。

在商标法模式下，地理标志一般有固定的保护期限，到期后可以续展，且不限次数。东盟国家中菲律宾、文莱和缅甸三国是依照商标法模式保护地理标志的，其中菲律宾和文莱的地理标志保护期限均为 10 年，到期可以续展，符合国际社会商标保护期限的规定；而缅甸由于没有专门的商标法律，只有商标注册制度，目前规定地理标志的保护期限为 3 年，到期可以续展。这一规定不符合 TRIPs 协议的最低保护要求，在未来的国内立法中需要修改。

在专门法模式下，地理标志的保护期限规定比较复杂，既有永久有效的，也有规定固定期限的。东盟国家中新加坡、马来西亚、泰国和越南四国采用专门法模式对地理标志进行保护，其中新加坡和马来西亚规定了 10 年有效期限，期满后可以续展；泰国和越南则规定地理标志一经注册则永久有效，但也规定了如果在地理标志权利存续期间有违反法律规定或者不再符合地理标志产品标准的，可以撤销该地理标志注册登记。

混合模式即地理标志既可以注册为证明商标或集体商标，按商标法模式予以保护，保护期限一般按照注册商标专用权保护期限进行规定；也可以注册登记为地理标志产品，按专门法模式进行保护，即一经注册则永久有效。东盟国家中采取混合模式的国家有印度尼西亚、柬埔寨和老挝三国，中国也是适用该模式对地理标志进行保护。其中印度尼西亚、老挝、中国等三国均规定如果注册为商标，则注册商标有效期限为 10 年，期满可续展；如果注册为地理标志产品，一经注册登记则永久有效。但柬埔寨在保护地理标志的政府法令中没有规定地理标志的保护期限，所以目前只能按照商标的 10 年保护期限实施，如表 4—1 所示。

表 4-1　中国与东盟诸国地理标志保护模式与期限简要比较表

国家	法律依据	保护模式	保护期限
中国	商标法模式:《商标法》（2013 年）《商标法实施条例》（2014 年）、《集体商标、证明商标注册管理办法》（1994 年）	混合模式	10 年，可续展
	地理标志产品保护模式:《地理标志产品保护规定》（2005 年）、《地理标志产品保护工作细则》（2009 年）		长期有效，未按规定使用将注销登记
	农产品地理标志保护模式:《农业法》（2002 年）、《农产品地理标志管理办法》（2007 年）		长期有效，违反规定将注销登记
新加坡	《地理标志法》（2014 年，No. 13）	专门法模式	10 年，可续展
马来西亚	《地理标志法》（2000 年）、《马来西亚地理标志实施细则》〔P. U（A）247/2001 法案〕	专门法模式	10 年，可续展
菲律宾	《菲律宾知识产权法》（1995 年）	商标法模式	10 年，可续展
泰国	《泰国地理标志保护法》（2003 年）、《使用相同或近似地理标志的特殊商品名单、规则和方法》（B. E 2547，2004 年商务部颁布）	专门法模式	永久有效
印度尼西亚	《印度尼西亚商标法》（1997 年和 2001 年修改）、《印度尼西亚关于地理标志的政府条例》（2007 年第 51 号令）	商标法与专门法相结合	注册为商标，10 年有效期，可续展；注册地理标志，永久有效
文莱	《文莱商标法》（1998 年）、《文莱商标条例》（2000 年）	商标法模式	10 年，可续展
越南	《越南民法典》（1995 年制定，2005 年修改）、《知识产权法》（2005 年）	专门法模式	永久有效
柬埔寨	《柬埔寨商标、商号法》（2002 年）、《受保护的地理标志产品的注册手续和保护程序的法令》（2009 年）	商标法与专门法相结合	10 年，可续展

续表

国家	法律依据	保护模式	保护期限
缅甸	有商标注册制度，但没有专门的商标法律	商标法模式	3 年，可续展
老挝	《关于商标的总理法令》（1995 年）、《关于商标注册的规定》（老挝科技与环境部，2002 年）、《老挝知识产权法》（2008 年）	商标法与专门法结合	注册商标，10 年有效期，可续展；注册为原产地名称，永久有效

三、以中国与东盟诸国加入地理标志国际条约为视角，比较各方对地理标志的具体保护规定及水平

目前，世界上有关地理标志的国际公约主要有两大分支，一是 WIPO 的《巴黎公约》《马德里协定》《里斯本协定》（包括 1958 年制定的《制裁商品来源的虚假或欺骗性标志马德里协定》和 2015 年制定的《原产地名称和地理标志里斯本协定》），对地理标志最常见的"货源标记"作了禁止性的规定，对于商品涉及虚假或欺骗性标识应禁止进口或在进口时予以扣押，禁止任何盗用或模仿原产地标识的行为，规定了地理标志的国际注册程序。二是 WTO 下的 TRIPs 协议，即各成员方要承诺对地理标志的利益方提供法律保护，各成员国应对"使公众对其真实的原产地产生误解"的地理标志商标予以驳回或者宣告无效，各成员方要禁止文字真实但会使公众对"产品具体生产地"产生误导的行为，各成员国要承诺对葡萄酒和烈性酒采取更高水平的"补充""例外"保护。

当前，中国与东盟诸国均已加入了 WTO，也均为 WIPO 的成员国，大部分都加入了《巴黎公约》和《马德里协定》，均未加入《里斯本协定》。虽然 WTO 规定对知识产权的保护要遵循"最低保护"的原则，但实际上，中国与东盟中的某些国家的国内法对地理标志的保护规定与 TRIPs 协议的要求还有一定的差距，以下是对中国与东盟诸国在地理标志保护法律方面的具体比较分析。

中国加入了《巴黎公约》和《马德里协定》，也是 WIPO 和 WTO 的

成员国，但在地理标志保护方面的法律制度还存在着诸多问题。从总体上看，中国目前缺乏一部专门的地理标志保护法律，当前存在着三种不同模式和效力的地理标志保护法律法规，造成法出多门、权力重叠、推诿扯皮、管理效率低下、申请人面临多个保护模式的困惑、消费者容易产生混淆等问题。从单个法律方面看，也存在着诸多问题，如《商标法》具有对地理标志进行保护私权保护的属性，但中国目前的《商标法》缺乏对"文字真实，但容易产生误导性的地理标志"的禁止注册规定，中国《商标法》实施条例虽然有对葡萄酒和烈性酒的特别保护规定，但仍没有达到 TRIPs 协议"不需要经过误导性测试"的要求，且中国《商标法》主张"善意注册的商标继续有效"，因而实践中出现了诸多将地理标志注册为普通商标的情况，在市场竞争中容易引起权利的冲突。未来要对《商标法》进行一定的修改，在适当时机制定专门的地理标志保护法，才能进一步提高我国的地理标志保护水平。

新加坡是东盟诸国中保护地理标志水平最高的国家之一。该国不仅是 WTO 和 WIPO 的成员国，也加入了《巴黎公约》和《马德里协定》。新加坡虽不是《里斯本协定》的成员国，但积极参加 2014 年的《原产地名称和地理标志里斯本协定》的外交会议并转交提案。新加坡制定了专门的《新加坡地理标志法》。在该法中，不仅规定了地理标志的申请条件、申请程序、转让、注册申请的例外、在先权利人的利益保护等一般规定；还规定了地理标志利害关系人不但可以采取诉讼措施救济自己的权利，还可以采取侵权禁令、财产保全等诉前救济措施；尤其规定了对地理标志进行保护的海关边境措施，具体包括对进出口环节中涉及地理标志违法的产品、包装、车辆、人员及行李、场所进行检查、扣留、转移、处置、处罚等一系列的规定，是当今国际社会在海关领域对地理标志保护最严格的国家之一；另外，该法还规定了涉嫌地理标志的个人或团体犯罪、复合犯罪及处罚、司法管辖权等刑事制裁的内容，该部分的内容比一般国家惩治地理标志犯罪更加严格。诚然，新加坡地理标志制度是为新加坡的国家利益服务的，该国地理标志制度的主要特点除反映出本国法律制度比较完善和严格外，还与本国的地理位置和经济贸易的特点密切相关。新加坡农业生产规模小，国家发展经济主要靠服务业和国际贸易。因此，新加坡地理标志法律主要是为了加强其国际贸易港的枢纽地位，为了促进他国地理标志在新加坡的保护，更好地促进国际贸易的发展。例如，新加坡至今没有 1 例本国地理标志的注册申请，这一点就说明了该问题。尽管如此，新加坡地理标志的法律制度对中国以及其他东盟国家而言具有"标杆"意义，给其他国家的地理标志立法提供了许多可资借鉴的成分。

马来西亚是 WIPO 和 WTO 的成员国，也加入了《巴黎公约》，目前仍在修改国内法准备加入《马德里协定》。马来西亚制定了专门的《马来西亚地理标志法》，通过了具体的实施细则法案，在具体的法律规定中，该国对地理标志的定义借鉴了 TRIPs 协议的规定，包括工业品在内的多种产品均可申请注册为地理标志，规定了地区产品生产商组织、主管机构都可以申请地理标志，这在其他国家的地理标志保护立法中比较少见；该法还规定了地理标志注册的异议程序、外国人在马来西亚注册地理标志的相关规定，规定了地理标志的修正和撤销，保护期限和续展。虽然马来西亚是穆斯林国家，但为了发展旅游业，该国并未完全禁酒，且是亚洲葡萄酒和烈性酒的消费大国，该国地理标志法还对葡萄酒和烈性酒的保护作了补充规定，达到了 TRIPs 的保护要求，且秘鲁的"皮斯科白兰地"、英国的"苏格兰威士忌"等 5 个外国酒类产品已在该国注册为地理标志。马来西亚物产丰富、人文传统浓厚，可以注册为地理标志的产品种类较多，目前统计该国共注册了 26 个本国地理标志产品，在东盟国家中位居第 4 位，地理标志的保护水平处于东盟诸国的前列。

菲律宾是亚洲国家中较早加入 WIPO 和 WTO 的国家之一，也是《巴黎公约》和《马德里协定》的成员国，该国是世界上为数不多制定知识产权法典的国家之一，其对地理标志的保护，主要是在《菲律宾知识产权法》的 partⅢ "商标、服务商标、商号"和《有关商标、服务商标、商号法规》的政府法令之中进行规定。菲律宾是按照商标法的模式保护地理标志的，本国的自然人、法人或在菲律宾从事商业活动的外国人均可申请注册地理标志商标，但一般需要有商标使用的证据，且在申请过程中要提交使用声明书，外国人依据《巴黎公约》在菲律宾申请国际商标注册的，可不受在菲律宾商业使用前提的限制。在该法典中，还规定了地理标志的申请人资格、申请要提交的材料、申请注册的程序、保护期限和续展等内容。由于菲律宾对地理标志的保护是参照注册商标的保护进行的，因此该国对地理标志的保护水平并不高，如缺乏禁止盗用和模仿原产地标识的行为，缺少对"公众对其真实的原产地产生误解"的商标异议驳回的规定，也缺乏对烈性酒和葡萄酒的"额外"保护。菲律宾地理标志保护事业的滞后与该国地理标志制度的落后有着紧密的关系，如曾经出现过菲律宾地理标志产品"马尼拉芒果"在美国被墨西哥生产商假冒的现象，给该国的芒果种植商带来了经济损害。最近几年，菲律宾加快了本国地理标志的注册和保护力度，共有 7 个产品已经注册为地理标志商标。总体来看，菲律宾的地理标志制度的先进性与实际保护处于东盟诸国的中等水平，未来要继续加强对地理标志的保护。

　　泰国是较早加入 WTO 和 WIPO 的亚洲国家之一，也是《巴黎公约》的成员国，但尚未加入《马德里协定》。自进入 21 世纪以来，泰国开始重视对本国地理标志的保护，相继颁布了《泰国地理标志保护法》《使用相同或近似地理标志的特殊商品名单、规则和方法》等法律法规，是采用专门法模式对地理标志进行保护的国家。在具体的法律制度中规定了地理标志的定义，农产品、手工艺品和工业产品均可作为地理标志产品的保护对象。同时，泰国还规定商务部部长可以签署部门规章，宣布某一产品种类为特定产品。泰国商务部曾宣布水稻、丝绸、白酒、葡萄酒是特定产品，特定产品就可以得到更高水平的保护。专门法律中还规定了地理标志的注册主体、注册程序、地理标志注册的修正和撤销、地理标志注册人的权益、非法使用地理标志的行为及处罚、保护期限等问题，另外还规定了外国人在泰国申请注册地理标志的相关问题。尤为重要的是，在该法中还规定了地理标志委员会是处理地理标志复审、异议、修改或撤销的法定机构，并对该委员会的人员组成、任期、职责等进行了详细的规定，这对东盟其他国家有借鉴意义。总体来看，泰国的地理标志保护立法处于东盟诸国的前列，法律实施的效果也比较明显。目前，泰国总共注册了 67 个本国地理标志产品，11 个外国地理标志产品，是目前东盟中地理标志注册最多的国家。此外，泰国商务部还积极促进本国地理标志产品在中国、越南和欧盟等国家和地区的注册认证工作，如在中国工商总局商标局注册了"泰国香米"等 5 个地理标志证明商标，"泰国茉莉香米""清莱府岱东咖啡"等产品在欧盟注册了地理标志保护产品。另外，泰国还不遗余力地推进东盟统一的地理标志注册标准的制定，以提高东盟整体地理标志保护水平。

印度尼西亚也是亚洲较早加入 WTO 和 WIPO 的国家，也是《巴黎公约》的成员国。印度尼西亚对地理标志的保护主要在《印度尼西亚商标法》和《印度尼西亚关于地理标志的政府条例》（2007 年）中进行了规定。在印度尼西亚，具有地域性自然因素和人文因素的产品，包括天然产品、食品、农产品、工艺品等既可以申请注册为地理标志证明商标或集体商标，也可以申请注册为地理标志产品，且符合规定产品的生产商、贸易商、相关政府机构、消费者组织等都可以提起申请，已在来源国注册保护的外国地理标志产品也可以在印度尼西亚申请注册。同时上述法律还规定了地理标志的注册程序、保护期限、保护终止、地理标志的使用和监督、保护地理标志权利人利益等问题。特别是印度尼西亚还规定了地理标志专家组的设立和职责，东盟诸国中只有泰国和印度尼西亚在法律上对此类机构进行了规定。从法律规定来看，印度尼西亚地理标志法律规范比较完善，但是与 TRIPs 协议的标准相比，印度尼西亚地理标志的保护水平不高，如缺乏对葡萄酒和烈性酒的"补充"保护规定，缺乏对"公众对其真实的原产地产生误解"的商标异议驳回的规定，也缺乏对使用"型""类""系列"等近似地理标志用语使用的限制等。另外，虽然印度尼西亚要求申请地理标志时需提供具体的说明书，但不需要提供质量技术等规范。在 2000 年以前，印度尼西亚不太重视本国的地理标志保护，如久负盛名的歌谣咖啡就曾经在欧洲注册为"歌谣山咖啡"商标，"Toarco Toraja"（托拉雅咖啡）也被其他公司在日本注册为商标，假冒的"蒙托克白胡椒"在越南、中国或其他地区大行其道。近十几年来，印度尼西亚开始逐步重视本国的地理标志保护，目前共有 35 个国内产品注册为地理标志，且每个地理标志产品都设计了独特的标识。在印度尼西亚，众多产品经营者从地理标志的应用中获得了良好的经济效益，而且印度尼西亚目前尚有多个产品具有注册为地理标志的潜力。另外，还有 3 个外国产品也在印度尼西亚注册为地理标志，但印度尼西亚产品目前尚未在国外注册过地理标志。总体来看，印度尼西亚的地理标志保护水平处于东盟诸国的前列。

文莱是 WTO 和 WIPO 的成员国，也加入了《巴黎公约》。文莱由于国土面积小，人口少，且主要经济收入为石油和天然气，国内缺乏发展地理标志产业的基础，因此，文莱也没有专门的地理标志保护法律。文莱对地理标志的保护主要参照商标进行，主要依据有《文莱商标法》和《文莱商标条例》，地理标志产品可以注册为证明商标或集体商标，外国人如想注册商标需要在文莱有办公场所，注册时需要提交拟注册的商标样本，其他利害关系人可以提出异议，商标注册主管机构召开听证会处理异议事项，如有侵犯商标权的行为需要承担侵权责任。目前文莱国内尚没有注册过任何地理标志商标，也没有在他国注册过地理标志商标。文莱对于地理标志的保护在东盟诸国中比较落后。

越南是东盟中新兴的发展中国家，对包括地理标志在内的知识产权保护比较积极，比较早地加入了 WTO 和 WIPO，也是《巴黎公约》和《马德里协定》的成员国。《越南知识产权法》中有专门章节对地理标志进行保护，林产品、农副产品、工艺品等均可申请注册为地理标志；同时该法还规定未注册为地理标志的农产品，如果符合相关规定，也可以得到保护，总之越南对地理标志保护的种类较多。另外，该法还规定了地理标志申请人的资格，自然人、法人和集体组织均可申请，外国人也可以在越南申请注册已在来源国注册保护的地理标志。同时，还规定了地理标志的注册程序，申请人要提交和公布的文件信息等内容，地理标志的使用和监督等。但是，《越南知识产权法》规定地理标志注册权属于国家，注册申请人只有使用权。相对于 TRIPs 协议的具体内容和要求而言，越南地理标志保护的力度还不够，如缺乏对葡萄酒和烈性酒的"特别"保护，缺乏对"产地真实但容易产生误解"的地理标志的驳回，对违反地理标志保护的处罚不够严厉等。但是，应当看出越南对地理标志的保护还是处于东盟诸国的前列，不仅有保护地理标志的法律规定，且保护成果显著，目前越南已经注册了 41 件本国地理标志，其他国家也在越南注册地理标志，如我国重庆的"长寿血豆腐"就在越南注册。而且越南还积极与泰国、中国以及法国等欧盟国家进行合作，谋求在国际领域加强对地理标志的保护，其中"富国鱼露"等 3 种产品已在其他国家注册为地理标志。可以预见，未来越南发展地理标志产业的潜力巨大。

柬埔寨是 WTO 和 WIPO 的成员国，也加入了《巴黎公约》和《马德里协定》。柬埔寨是世界上最不发达的国家之一，对知识产权的保护水平较低，但正因为其是传统的农业国家，故也有保护与发展地理标志的愿望。柬埔寨最早对地理标志的保护始于 2002 年的《柬埔寨商标、商号法》，后又在 2009 年颁布了《受保护的地理标志产品的注册手续和保护程序的法令》，以对该国地理标志进行商标法与专门法保护。在具体法律规定方面，柬埔寨规定了在该国加工或生产的农产品、手工艺品、食品等其他产品，只要符合法律规定，均可申请注册为地理标志产品，但如果某个产品名称已经成为通用名称，或对植物或动物名称命名有影响的则不能申请注册；规定了地理标志注册要提交的材料、地理标志注册的审查程序、地理标志注册人的权利、知识产权局在地理标志注册与管理中的具体职责、地理标志的撤销与保护期限等。自该法令通过后，柬埔寨在法国国际开发署（AFD）的帮助下，不断提高本国地理标志的注册和管理水平，目前已有"磅士卑棕糖"和"贡布黑胡椒"两个国内注册的地理标志，且后者在 2016 年还进入了欧盟的地理标志产品注册簿中，此外还有 9 个其他产品正在申请注册之中。总之，柬埔寨本国地理标志法律不是很完善，保护水平在东盟诸国中处于落后状态。

缅甸是 WTO 和 WIPO 的成员国，尚未加入《巴黎公约》和《马德里协定》。缅甸在知识产权法律的制定方面比较滞后，直到 2006 年才引入保护知识产权的法律，但也只是对传统的版权、专利和商标进行保护，因为没有保护地理标志的法律，因此目前只能通过商标注册对地理标志进行保护。目前，缅甸只是建立了商标注册登记制度，还没有形成完整的商标注册体系。近几年来，缅甸政府开始意识到地理标志对国家经济的促进作用，在联合国相关机构的协助下，目前正积极对"塔纳卡水粉"和缅甸"莱茵湖莲花纤维长袍"申请地理标志保护；另外，像缅甸的玉石、柚木、茶叶等产品也具有地理标志保护的潜质，需要尽快给予地理标志保护，以遏制诸如假冒缅甸玉石泛滥等现象。缅甸政府也在积极酝酿成立知识产权部门，制定有关地理标志保护的法律。但总体来看，缅甸地理标志保护水平在东盟诸国中比较落后，离 TRIPs 要求的最低保护水平尚有很大差距，如表4－2所示。

表4－2　中国与东盟诸国加入相关国际地理标志条约的简要比较表

国家	加入 WIPO 管理的条约的情况	加入 WTO 的时间	是否接受第三国注册	注册语言
中国	1980 年成为 WIPO 成员国，1985 年中国加入《巴黎公约》，1995 年成为《马德里协定》成员国	2001 年	接受	中文
新加坡	1995 年成为《巴黎公约》成员国，2000 年成为《马德里协定》成员国	1995 年	接受	英语
马来西亚	1989 年加入 WIPO，同年成为《巴黎公约》成员国	2005 年	接受	马来语或英语
菲律宾	1965 年加入《巴黎公约》，1980 年成为 WIPO 成员国，2012 年加入《马德里协定》	1995 年	接受	菲律宾语或英语
泰国	1989 年成为 WIPO 成员国，2008 年成为《巴黎公约》成员国	1995 年	接受	泰语
印度尼西亚	1950 年加入《巴黎公约》，1979 年成为 WIPO 成员国	1995 年	接受	印度尼西亚语
文莱	1994 年成为 WIPO 成员国，2012 年加入《巴黎公约》	1995 年	接受	英语
越南	1949 年成为《巴黎公约》成员国，1976 年加入 WIPO，2006 年成为《马德里议定书》成员国	2007 年	接受	越南语
柬埔寨	1995 年加入 WIPO，1998 年成为《巴黎公约》成员国，2015 年加入《马德里协定》	2004 年	未明确	高棉语或英语
缅甸	2007 年加入 WIPO	1995 年	接受	缅甸语或英语
老挝	1995 年加入 WIPO，1998 年加入《巴黎公约》	2012 年	接受	老挝语或英语

老挝是 WTO 和 WIPO 的成员国，也加入了《巴黎公约》。老挝对地理标志的保护主要是《关于商标的总理法令》《关于商标注册的规定》以及 2008 年通过的《老挝知识产权法》。上述法律详细规定了商标的注册条件和程序、对商标专有权的保护、界定了"原产地来源"的定义、取得"原产地权"的条件，注册原产地产品的程序、原产地权的权利内容、侵犯原产地权的处理等内容。从法律规定来看，老挝基本上形成了地理标志保护的法律体系，但由于老挝本身经济比较落后，对地理标志的保护意识也不强烈，目前尚没有 1 例地理标志的注册。近几年来，老挝社会各界逐渐认识到地理标志的重要性，在联合国粮农组织（FAO）等国际社会的帮助下，老挝正逐步建立地理标志登记管理机构，并遴选了"布拉万咖啡"和"考凯河内糯米"两个产品作为地理标志注册的优先考虑对象，并培育茶叶、丝绸等具有地理标志注册潜力的其他产品，组织国内企业参加东盟区域的地理标志产品博览会等。总体来看，老挝的地理标志保护水平在东盟诸国中处于落后状态，不能满足当前国内对地理标志保护的需求，离 TRIPs 协议的最低保护要求也有很大差距。

第二节　中国—东盟地理标志保护中的程序法律制度比较研究

一、中国与东盟诸国有关地理标志申请人的比较分析

在中国，根据申请地理标志的类型不同，申请人也不同。如果想通过申请集体商标来保护地理标志，则申请人须为团体、协会或其他组织；如果想申请为证明商标的，则申请人应为对该商品或者服务具有监督能力的组织。如果想向国家质检总局申请为地理标志产品，则申请人应为当地县级以上政府认定的协会和企业，或者指定的地理标志产品保护申请机构。如果想向农业部申请为农产品地理标志，则申请人应为县级以上地方人民政府根据一定条件择优确定的农民专业合作经济组织、行业协会等组织。综上所述，在我国申请地理标志排除了自然人。

新加坡申请地理标志的申请人为两类，即在申请地理标志拟保护的

区域内从事地理标志产品的自然人或组织，或者对拟申请注册的地理标志负有监督职责的主管机构。马来西亚则规定，申请地理标志的主体应为：在申请书指定区域内生产地理标志产品的生产商，包括生产商组织；当地主管机构；行业组织或协会。菲律宾主要是通过注册集体商标保护地理标志的，申请人为自然人或法人。在泰国，可以提出地理标志申请的权利主体较多，既有与地理标志产品交易有关的自然人、社会团体或法人，也可以是该地理标志产品的生产组织或消费者团体，还可以是地理标志所属地理区域有管辖权的政府机构。在印度尼西亚，地理标志既可以注册为商标，也可以申请登记为地理标志，具体的申请主体为地理标志产品的生产商、贸易商，消费者组织、相关政府机构等。文莱没有专门的地理标志保护法律制度，只能通过商标进行注册保护，个人、合伙企业、公司均可提出申请。在越南，自然人、企业、代表企业或个人的集体组织，或者该地理标志所属的当地行政管理机构均可以申请地理标志保护。柬埔寨在其有关地理标志注册与保护的政府法令中则规定，凡是与地理标志注册有利益关系的协会、生产者、生产者组织、经营者均可申请地理标志产品注册。缅甸只有商标注册制度，没有商标法律和地理标志专门法律，也没有对商标注册的主体进行限制，应该理解为自然人、法人、其他组织均可申请注册商标。老挝《知识产权法》规定，不论是否居住在老挝境内，只要有合法的商品、商业或服务贸易的自然人和法人均可申请注册，如表 4—3 所示。

表 4—3　中国与东盟诸国地理标志申请人简要比较表

国家	申请注册的类型	申请人
中国	证明商标或集体商标	证明商标的申请人，对某种商品或者服务具有监督能力的组织集体商标的申请人，团体、协会或者其他组织
	地理标志产品	当地县级以上人民政府认定的协会和企业、指定的地理标志产品保护申请机构
	农产品地理标志	县级以上地方人民政府根据一定条件择优确定的农民专业合作经济组织、行业协会等组织

续表

国家	申请注册的类型	申请人
新加坡	地理标志	(a) 在拟申请的地理标志确定区域内，从事地理标志产品生产的个人或组织；或（b）对拟申请注册的地理标志负监督职责的主管机构
马来西亚	地理标志	在申请书指定区域内生产地理标志产品的生产商，包括生产商组织；当地主管机构；行业组织或协会
菲律宾	集体商标	自然人或法人
泰国	地理标志	与地理标志产品交易相关，且在该地理区域内有住所的自然人、法人或社会团体；该地理标志产品的生产组织或消费者团体；地理标志所属区域有管辖权的政府机构
印度尼西亚	商标或地理标志	地理标志产品的生产商、贸易商，相关的消费者组织、相关政府机构
文莱	商标	个人、合伙企业、公司
越南	地理标志	自然人、企业、代表企业或个人的集体组织，或者该地理标志所属的当地行政管理机构
柬埔寨	地理标志	凡是与地理标志注册有利益关系的协会、生产者、生产者组织、经营者均可申请
缅甸	商标	没有规定
老挝	商标或原产地名称	合法的商品、商业或服务贸易的自然人和法人

二、中国与东盟诸国地理标志的注册登记主管机构比较

中国主管地理标志注册登记的机构有国家工商总局商标局、国家质检总局和农业部农产品质量安全中心。其中地理标志注册为集体商标或证明商标时，由商标局主管，商标局隶属于国家工商总局。此外，由国家工商总局商标评审委员会对地理标志商标的争议进行处理。值得注意的是，根据我国《商标法》规定，商标评审委员会不是商标局的附属单

位，而是与商标局相平行的单位，同样隶属于国家工商总局。❶ 如果要在中国申请登记为"地理标志保护产品"，则需要向国家质检总局提出申报，由其进行审查核准，并由其负责核准地理标志专用标识的使用，各级质检部门可以对地理标志产品的质量、标志使用进行监督管理。如果农产品要在中国申请登记为"农产品地理标志"，则需要向农业部农产品质量安全中心提出申报，经过审查无异议后由农业部核准登记，农业部及各地农业主管部门有监督管理农产品质量、农产品地理标志公共标识使用等职责。

新加坡主管地理标志注册的机构是 2015 年设立的地理标志注册处，隶属于该国知识产权局，注册处的工作人员由注册员和助理注册员等组成，其任命是根据《新加坡地理标志法》的规定执行。马来西亚主管地理标志注册的管理机构是该国的地理标志注册处，隶属于该国知识产权局（MyIPO）。菲律宾主管地理标志注册的机构是商标局，隶属于该国知识产权局。泰国主管地理标志注册的机构是知识产权局（厅），隶属于泰国商务部，商务部部长应当监督《泰国地理标志法》的实施，有权任命注册员，有权颁发部门规章，有权修改与地理标志注册、异议有关的费用，有权减少或免除与实施本法有关的其他商业费用。另外，泰国还设立了地理标志委员会，负责处理地理标志的争议事项。印度尼西亚主管地理标志注册的机构是知识产权总局（DGIRP），隶属于国家法律和人权事务部。文莱没有专门的地理标志主管机构，该国的知识产权局负责该国商标的注册管理，可以对地理标志注册商标进行注册管理。越南对地理标志的管理是由知识产权局（NOIP）负责，隶属于越南科技部。柬埔寨管理地理标志的主管机构是该国的知识产权局，隶属于商务部。缅甸还没有制定商标法律和地理标志保护制度，该国对地理标志的主管机构是该国的商标注册处，隶属于科技部。《老挝知识产权法》规定，老挝的地理标志注册主管机构为该国的知识产权注册处，隶属于该国科技部。

综上所述，除中国、马来西亚、泰国、菲律宾、印度尼西亚、越南

---

❶　我国《商标法》第 2 条规定，国务院工商行政管理部门商标局主管全国商标注册和管理的工作。国务院工商行政管理部门设立商标评审委员会，负责处理商标争议事宜。

等国有专门设立、机构功能完备的地理标志注册管理机构外，其他国家的地理标志注册管理机构的设置还有待进一步完善。

三、中国与东盟诸国地理标志注册程序的比较

中国的地理标志保护制度属于混合模式，因此不同模式下地理标志注册程序各不相同。（1）商标法模式。如果想将地理标志注册为集体商标或证明商标的，符合条件的申请人向商标局提交注册申请后，商标局应当在9个月内审查完毕，符合规定的，予以初步审定并公告；然后在公告之日起3个月内，利害关系人或在先权利人认为存在不应当注册相对理由的，以及任何人认为存在不应当注册的绝对理由的，均可向商标局提出异议；公告期满无异议的，商标局予以核准注册，颁发"商标注册证"，并予以公告。如果商标局驳回申请且不予公告的，申请人可以请求商标评审委员会复审；对于由于异议做出的不予注册决定，被异议人（原商标申请人）也可以请求商标评审委员会进行复审。（2）地理标志产品保护模式。申请人向本辖区出入境检验检疫部门或者县级以上的质检部门提出申请；由上述部门对申请材料进行初步审查，然后将相关材料和初审意见提交给国家质检总局；国家质检总局要进行申报材料的形式审查，形式审查合格的要进行公告，在公告期的2个月内接受异议；经过公告异议程序后，国家质检总局要组织地理标志专家委员会进行技术审查，予以评审；评审合格的，国家质检总局要在该局公报中予以公告，并向申请人颁发保护证书。同时，为了保障地理标志保护产品的质量，国家质检总局还制定了相关的监督管理制度，即要求制定具体地理标志保护产品的标准体系，如果某个产品的生产者要使用地理标志保护产品专用标识，则需要向当地质检部门提出使用申请，最后由国家质检总局予以审查，符合规定要求的发布公告，并向申请人颁发"地理标志产品专用标志使用证书"。（3）农产品地理标志保护模式。符合条件的申请人向省级农业行政主管部门提出农产品地理标志的注册登记申请；省级农业行政主管部门对申请文件进行形式审查，必要时组织现场核查，并提出审查意见；省级农业行政主管部门将申请材料和初审意见提交给农业部农产品质量安全中心，该中心对申请材料进行初审，然后组织专家委

员会进行现场核查，核查后符合规定登记要求的，由该中心予以公示并在公示期间受理异议申请；公示期满无异议或者异议不成立的，由农业部颁发农产品地理标志的登记证书并予以公告，同时公告该产品的限定生产区域和生产技术规范。同时农业部相关规章还规定了农产品地理标志公共标识的使用规范，即由符合条件的申请人向证书持有人提出申请，审核后符合条件的，由双方签订专用标识使用协议。

新加坡在 2014 年颁布的《新加坡地理标志法》中规定了该国地理标志的注册程序。首先由符合条件的申请人向地理标志注册处提出申请，并提交规定的申请材料；然后由地理标志注册处予以审查，审查期间可以要求申请人提供其他必要材料，或者予以一定的修改；如果审查后符合法律规定，则予以公告，并在公告期内受理异议；经过公告期后，符合地理标志注册条件的，由新加坡知识产权局核准注册登记，并予以公告。此外，地理标志注册后，如出现法律规定的情形，可由法院或地理标志注册处予以撤销注册登记。

马来西亚地理标志注册程序与新加坡基本一致，首先由申请人向地理标志注册处提出申请；然后由注册官经过审查后，认为符合地理标志注册规定的，则予以公告；在公告的两个月内，任何人都可以提出异议；注册官要充分听取申请人和异议人的理由，必要时可以召开听证会；经过公告和异议程序后，注册官认为不存在反对注册理由的，予以注册登记并予公告。此外，地理标志注册后，申请人还可以申请修改该地理标志，但必须通知利害关系人且不存在反对理由；地理标志有效期限（10年）届满前后一定时期内，申请人可以提出地理标志续展并缴纳续展费用，如果期满后 12 个月内仍没有缴纳延期续展费用，则注册官就可以将该地理标志从注册簿中移除出去，通知原地理标志注册人并予以公告。

菲律宾没有制定专门法律对地理标志进行保护，该国对地理标志的保护采用商标法模式，且其注册程序更注重"使用"，这一点类似于美国《兰哈姆法》的"因使用而取得商标权"原则。首先，在菲律宾申请地理标志注册前，最好在该国商标系统中查询是否已有相同或类似的商标注册的情况，如果没有则按照规定提出地理标志注册。其次，商标局将对申请人资格、商标图样等申请文件进行形式审查，审查合格后，申请人要提交该商标的使用声明书，并提供相关使用证据。再次，商标局将对该地理标志进行实质审查，主要审查"显著性"以及是否存在禁止注册的情形；经过实质审查，商标局认为符合商标注册规定的，予以公告，公告期内任何人可以提出异议。最后，经过公告与异议处理后，商标局核准注册，颁发注册证书。

泰国的地理标志保护水平是东盟诸国中最高的，在具体实践活动中已经形成了科学系统的地理标志注册程序。首先，申请人向主管官员提交地理标志注册申请书，申请书包括申请人的个人资料、拟申请地理标志保护产品的质量、声誉及其他特征的证明材料。其次，主管官员对上述材料进行形式审查，审查合格后，将该申请材料和形式审查意见提交给注册员；注册员进行初步审查，审查合格的将予以公告，在公告期内任何人均可提出异议。再次，在异议期内如有人提出异议，则注册员要对该异议进行处理，一般情况下申请人要提出针对异议的答辩，并在一定范围内修改自己的申请文件。最后，经过公告及异议处理后，注册员如果认为该申请符合地理标志的授予条件，则予以注册登记。另外，该国还专门设立了地理标志委员会，主要是对地理标志注册过程中的争议事项进行裁决，如受理申请人对不予注册决定的复审、受理利害关系人对已注册地理标志提出的修改或撤销申请等。

印度尼西亚地理标志的注册程序是非常系统的。首先，申请人向知识产权总局提交申请，申请书中还要包括请求说明书以及由权威机构出具的保护范围推荐意见；然后，由知识产权总局进行行政审查，审查申请人提交的资料是否符合法律规定，在此期间申请人可以修改补充自己的申请材料，行政审查后符合规定的，知识产权总局要进行公告，公告期间受理异议申请。其次，知识产权总局对申请进行实质审查，具体审查工作由地理标志专家组负责，提出是否授予地理标志保护的意见。最后，知识产权总局根据地理标志专家组的授权建议，对地理标志进行核准注册，并予以公告。任何经营者需要使用地理标志的，需要向知识产权总局提出使用申请，由知识产权总局对申请文件进行审核，作出准予使用决定的，要进行公告。对于知识产权总局作出的不予授权决定不服的，申请人可以请求知识产权总局复审，对复审决定不服的可以向商标上诉委员会提出上诉申请。如果已注册的地理标志被总局撤销的，原申请人还可以向商业法庭提起诉讼。

　　文莱没有制定专门的地理标志保护法律，主要依据《文莱商标法》进行保护。首先，申请人提出商标注册后，由注册处进行形式审查和实质审查，审查后如认为符合商标注册规定的，则予以公告；如审查认为不符合规定的，则书面通知申请人，申请人可以修改申请文件或者要求召开听证会予以救济。其次，在公告期内，利害关系人可以提出异议，在双方提交充分证据的情形下，注册处可以召集双方举行听证会，对异议事项进行处理。最后，经过公告和异议程序后，注册处认为符合规定条件的，予以核准注册并颁发注册证书。另外，如果对已注册的商标提出异议的，由法院进行审理。

　　越南在2007年专门制定了各类知识产权的注册登记、授权程序。地理标志的注册登记具体程序为：提出申请，申请文件包括注册登记声明、拟保护的区域范围和其他证明文件；知识产权局进行形式审查；形式审查合格后予以公告，公告期内任何利害相关方均可提出异议；公告期满后进行实质审查；经过实质审查后符合法律规定的，作出授予地理标志的注册登记决定，并予以公告。

　　柬埔寨国内的地理标志注册程序比较简单。首先，收到地理标志注册申请后，知识产权局应进行形式审查，审查合格的，作出归档指令；如形式审查不合格的，应书面通知申请人，申请人可以在规定期限内予以修改。其次，知识产权局进行实质审查，具体审查由商务部认定的认证机构负责。最后，审查结束后将结果报送知识产权局，知识产权局对符合要求的地理标志申请予以注册登记。对已注册地理标志产品的质量、地理标志专业标志的使用等工作，由符合规定的认证机构进行监督管理。

　　缅甸都没有专门的地理标志保护法律和商标法律制度，只有商标注册制度可供参照。如申请人想要在缅甸注册商标，可以向该国商标注册局提交并登记商标所有权声明，登记完成后，注册人或其代理人可在缅甸语或英语报纸上刊登公告，以提醒公众该申请人获得了商标权，商标注册程序即告完成。

　　老挝根据《老挝知识产权法》的相关规定，参照该国商标注册的程序对地理标志进行注册。首先，申请人提交地理标志注册申请，申请书还包括拟申请的商标样本和拟使用的商品清单；其次，商标注册登记机构进行形式审查和实质审查；最后，经过审查后，认为符合法律规定的，商标注册管理机构作出核准注册决定，并颁发注册证书，如表 4-4 所示。

表 4-4　中国与东盟诸国地理标志注册登记程序的法律规定简要比较表

国家	主管部门	部门隶属	注册程序
中国	商标局	国家工商行政管理总局	申请—初步审定公告—异议—核准注册—公告
	国家质检总局	—	申报准备—地方初审—国家质检总局受理—审查—核准—建立标准体系—专用标志申报—专用标志核准使用
	农业部农产品质量安全中心	农业部	申报—省级农业主管部门审查—农业部农产品质量安全中心初审、现场核查—审查—公示—异议—核准登记—公共标识使用申报—签订使用协议—使用公共标识
新加坡	地理标志注册处	知识产权局	申请—审查—公告与异议—注册登记
马来西亚	地理标志注册处	知识产权局	申请—审查—公告与异议—核准注册
菲律宾	商标局	知识产权局	注册前查询—申请—形式审查—提交使用声明书—实质审查—公告与异议—注册
泰国	知识产权局（厅）	商务部	申请—形式审查—初步审查与公告—异议处理与修改—复审—核准注册
印度尼西亚	印度尼西亚知识产权总局（DGIRP）	国家法律和人权事务部	申请—行政审查—公告（异议）—实质审查—核准—注册—使用人向总局申请地理标志使用—核准使用并公告
文莱	知识产权局	—	申请—审查—异议（法院受理）—注册

续表

国家	主管部门	部门隶属	注册程序
越南	国家知识产权局（NOIP）	国家科学技术部	申请—形式审查—公告及异议—实质审查—核准注册—公告
柬埔寨	知识产权局	商务部	申请—审查（初步审查和实质审查）—注册
缅甸	商标注册处	科技部	提交商标所有权声明—注册
老挝	知识产权注册处	科技部	申请—审查（初步审查和实质审查）—注册

第三节　双方对他国地理标志保护的比较研究

一、中国对他国地理标志保护的法律制度与实践研究

（一）中国工商部门对国外地理标志保护的法律制度与实践研究

虽然我国直到 2001 年修改《商标法》时才在法律中正式提及地理标志保护问题，但事实上，自我国 1985 年加入《巴黎公约》后国家工商总局就开始注意对国外地理标志/原产地名称进行保护。该局最早处理国外地理标志争议事项是 1987 年的"丹麦牛油曲奇"名称问题，❶ 后来在 1989 年 10 月国家工商总局要求停止在酒类商品上使用"香槟"或"Champagne"字样，并指出"香槟或 Champagne 不是酒的通用名称，而是原产地名称。我国企业将其作为酒名使用，不仅是误用，而且侵犯了他人的原产地名称权。"

---

❶ 针对北京京港食品公司在其生产的一种食品上使用"丹麦牛油曲奇"的名称问题，国家工商总局发函给北京市工商局指出："我国是《巴黎公约》成员国，有义务遵守该条约的规定。若外国委托人反映的情况属实，你局应责令北京京港食品公司立即停止使用该名称，以保护《巴黎公约》缔约国的原产地名称在我国的合法权益。"载 1986 年 11 月 6 日《国家工商行政管理局商标局就县级以上行政区划名称作为商标等问题的复函》。

当前我国《商标法》(2013年版)中明确涉及国外地理标志保护的,有以下内容。(1) 第 10 条规定了外国地名只能作为集体商标或证明商标的组成部分在我国进行注册,而商标法模式下地理标志的保护形式即为注册为集体商标或证明商标。❶ (2) 第 13 条规定,❷ 对于外国地理标志注册为商标后,获得"驰名商标"后在中国的注册和保护有意义。(3) 第 16 条规定了地理标志在我国的注册问题,当然适用于外国地理标志在我国的注册,该问题前文已有论述,此处不再赘述。(4) 第 17 条规定,❸ 对于外国人在我国申请注册地理标志商标作出的原则性规定。(5)《集体商标、证明商标注册和管理办法》(2003年版)第 6 条❹实际上规定了外国主体在我国申请注册地理表的,必须在其原属国受法律保护,这是能在中国获得注册的前提条件。同时,该管理办法第 12 条的规定,❺ 还涉及外国葡萄酒、烈性酒地理标志保护的特别规定。

1994 年,国家工商总局制定了《集体商标、证明商标注册和管理办法》,首次规定地理标志可以作为证明商标注册,并规定了具体的管理办法,该办法于 1995 年 3 月 1 日实施。当年美国"佛罗里达柑橘"是第一件向我国申请注册的国外地理标志,截至 2015 年 12 月 31 日,外国在我国注册了地理标志商标 84 件。表 4-5 是外国在我国注册地理标志商标的简表。

---

❶ 我国《商标法》第 10 条:"下列标志不得作为商标使用:……县级以上行政区划的地名或者公众知晓的外国地名,不得作为商标。但是,地名具有其他含义或者作为集体商标、证明商标组成部分的除外;已经注册的使用地名的商标继续有效。"

❷ 我国《商标法》第 13 条:"……就相同或者类似商品申请注册的商标是复制、摹仿或者翻译他人未在中国注册的驰名商标,容易导致混淆的,不予注册并禁止使用。就不相同或者不相类似商品申请注册的商标是复制、摹仿或者翻译他人已经在中国注册的驰名商标,误导公众,致使该驰名商标注册人的利益可能受到损害的,不予注册并禁止使用。"

❸ 我国《商标法》第 17 条:"外国人或者外国企业在中国申请商标注册的,应当按其所属国和中华人民共和国签订的协议或者共同参加的国际条约办理,或者按对等原则办理。"

❹ 参见《集体商标、证明商标注册和管理办法》第 6 条,"外国人或者外国企业申请以地理标志作为商标注册的,申请人应当提供该地理标志以其名义在其原属国受法律保护的证明"。

❺ 参见《集体商标、证明商标注册和管理办法》第 12 条,"使用他人作为集体商标、证明商标注册的葡萄酒、烈性酒地理标志标示并非来源于该地理标志所标示地区的葡萄酒、烈性酒,即使同时标出了商品的真正来源地,或者使用的是翻译文字,或者伴有诸如某某'种'、某某'型'、某某'式'、某某'类'等表述的,适用商标法第 16 条的规定"。

表 4—5　外国在我国注册地理标志简表

国家	地理标志商标名称	注册人	商品	数量
法国	波尔多 BORDEAUX； 布拉伊—波尔多山坡 BLAYE—COTES DE BORDEAUX； 龙萨克 FRONSAC； 格拉夫 GRAVES； 韦雷—格拉夫 GRAVES DE； 卢皮亚克 LOUPIAC； 波尔多主山坡 PREMI E RES COTES DE BORDEAUX； 索泰尔讷 SAUTERNES； 波尔多上伯诺日 BORDEAUX HAUT BENAUGE； 波尔多淡红 BORDEAUX CLAIRET； 布拉伊 BLAYE； 巴尔萨克 BARSAC； 波尔多甜白 BORDEAUX MOELLEUX； 卡农—弗龙萨克 CANON FRONSAC； 卡迪亚克—波尔多山坡 CADILLAC—COTES DE BORDEAUX； 卡迪亚克 CADILLAC； 布尔 BOURG； 优级波尔多甜白 BORDEAUX SUPERIEUR BLANC； 布拉伊山坡 COTES DE BLAYE； 波尔多山坡—圣马盖尔 COTES DE BORDEAUX SAINT—MACAIRE； 两海间—上伯诺日 ENTRE—DEUX—MERS HAUT—BENAUGE； 两海间 ENTRE—DEUX—MERS； 波尔多气泡酒 CREMANT DE BORDEAUX； 布尔山坡 COTES DE BOURG； 波尔多山坡 COTES DE BORDEAUX； 圣富瓦波尔多 SAINTE—FOY BORDEAUX； 圣克鲁瓦蒙 SAINTE—CROIX—DU—MONT； 圣朱利安 SAINT—JULIEN； 圣于连 SAINT—JULIEN； 圣乔治—圣埃米利永 SAINT—GEORGES SAINT—EMILION； 圣爱斯泰夫 SAINT—ESTEPHE	波尔多葡萄酒行业联合委员会	葡萄酒	33

国家	地理标志商标名称	注册人	商品	数量
意大利	阿斯蒂；CONSORZIO DELL ASTI D. O. C. G. 及图形	阿斯蒂保护协会	葡萄酒	18
	PROSCIUTTO DI PARMA；PARMA	普罗修托—帕尔马公司	火腿	
	帕尔玛火腿	帕尔玛意大利熏火腿康采恩公司		
	PARMIGIANO REGGIANO；帕马森—雷加诺 PARMIGIANO REGGIANO	帕尔马雷焦奶酪协会	奶酪	
	GRANA PADANO D. O. C；GRANA PADANOTRENTINO D. O. C. 波河奶酪	格拉那帕达那奶酪保护协会		
	GORGONZOLA	戈贡佐拉奶酪保护联盟		
美国	纯正加州牛奶；REAL CALIFORNIA MILK	加州牛奶生产者顾问委员会	牛奶	14
	"USA＋梨"图形	西北梨局	梨	
	GRAPES FROM CALIFORNIA	加州鲜食葡萄委员会	葡萄酒	
	NAPA VALLEY NV	纳帕河谷酿酒人协会		
美国	A PRODUCT OF THE FLORIDA SUN-SHINE TREE	佛罗里达州柑橘部	柑橘制成的罐头、蜜饯、果冻等	14
	A PRODUCT OF THE FLORIDA SUN-SHINE TREE		柑橘制成的冰水	
	A PRODUCT OF THE FLORIDA SUN-SHINE TREE		柑橘类水果	

续表

国家	地理标志商标名称	注册人	商品	数量
美国	GROWN IN IDAHO；IDAHO POTATOES	爱达荷马铃薯委员会	马铃薯罐头；罐装马铃薯	
	GROWN IN IDAHO；IDAHO POTATOES		新鲜马铃薯	
泰国	泰国香米	泰国商业部外贸厅	大米	5
	CLASSIC THAI SILK；THAI SILK BLEND；ROYAL THAI SILK；THAI SILK	泰国总理府常务秘书处	丝绸（布料）	
英国	STILTON	斯蒂尔顿奶酪制作者协会	奶酪	3
	苏格兰威士忌；SCOTCH WHISKY	苏格兰威士忌协会	威士忌酒	
牙买加	JAMAICA BLUE MOUNTAIN	咖啡标识有限公司	咖啡	2
	JAMAICA BLUE MOUNTAIN		咖啡豆	
墨西哥	特其拉；TEQUILA	特其拉管理委员会	龙舌兰酒；含龙舌兰的酒精饮料；酒精饮料（啤酒除外）	2
德国	SOLINGEN	乌帕塔尔－索林根－雷姆沙伊德地区工商会	磨刀器具；剃须刀；刮胡刀片；刀削工具；雕刻工具；玻璃刀；剪刀；刀；餐具	2
	LIEBFRAUENMILCH	德萨威福斯	葡萄酒	

续表

国家	地理标志商标名称	注册人	商品	数量
西班牙	TURRON DE ALICANTE; TURRON DE JIJONA	阿利坎特省希约纳牛轧糖地理标志产品保护管理委员会	牛轧糖	2
格鲁吉亚	MUKUZANI；TVISHI	格鲁吉亚国家葡萄酒局	葡萄酒	2
韩国	高丽红参	高丽人参联合会（社团法人）	红参	1
总和				98

我国对国外地理标志通过商标注册予以保护的法律制度也还存在着诸多需要完善的地方，如需要对来自国外葡萄酒和烈性酒地理标志产品的"误导性"测试，缺乏对文字真实但产生误导作用的地理标志的措施等。但是，从作为发展中国家保护知识产权的角度来看，我国工商管理部门对国外地理标志的保护已经达到了较高水平。国家工商系统最近几年查处了若干侵犯国外地理标志的大案，有效保护了国外地理标志权利人的利益，国际知识产权界也给予了高度评价。

（二）中国国家质检总局对涉外地理标志保护的实践

我国《地理标志产品保护规定》第 26 条❶原则规定了国外地理标志注册的问题。2013 年，中国国家质检总局专门下发《关于加强涉外地理标志产品保护工作的通知》，以提升涉外地理标志的保护水平。境外地理

---

❶ 《地理标志产品保护规定》第 26 条规定，我国国家质检总局接受国外地理标志的注册并实施保护。具体办法另行规定。

标志产品申请我国保护，应当符合我国相关法律法规和技术标准，产品
应当属于我国质检总局规定的地理标志产品分类目录之下，与我国已有
的地理标志产品或商标无在先权利冲突，近两年没有发生过该产品的质
量安全事故。❶

目前国外产品申请我国地理标志产品保护的具体流程是：提出申
请→受理→形式审查→公告→实质审查→授权并公告。申请文件应当包
括：申请书、产品在原产国获准保护的官方证明文件和中文译本、产品
声誉情况、生产商和贸易商清单、负责验证的机构或组织、产品技术规
范、产地范围和地图、产地自然因素和人文因素与产品质量之间的关联
性、产品生产原料、生产工艺与流程要求、产品理化感官等质量特色及
检测报告、产品包装与标签。公告的内容包括推荐机构、拟申请地理标
志的中文名称、保护范围和质量技术要求。如 2009 年，"苏格兰威士忌"
申请我国地理标志保护的公告由国家质检总局的第 84 号文件予以公告，
如表 4—6 所示。就实质审查而言，我国对国内地理标志产品的审查一般
有现场核查环节，但对于境外产品来说现场核查有些困难，国家质检总
局可以委托与该局有合作关系的境外检测机构进行。

表 4—6　"苏格兰威士忌"地理标志保护公告

产品名称	产品的中文名称	界定保护范围的文件及质量技术要求	地理标志保护范围	推荐机构
Scotch Whisky	苏格兰威士忌	英国《苏格兰威士忌法案 1988》英国《苏格兰威士忌准则 1990》	英国苏格兰全境	英国环境、食品及农村事务部

目前，经过统计，有以下 6 个外国产品专门向中国提出了注册申请，
且均获得了我国国家质检总局的地理标志产品保护认证，以下是具体统
计数据，参见表 4—7。

此外，国家质检总局也一直致力于与其他国家进行地理标志保护产
品的国际合作，2006 年，该局与欧盟贸易委员会签署了《关于地理标志

❶ 云振宇、刘文等："我国涉外地理标志产品注册管理技术规范研究"，载《中国标准化》
2015 年第 2 期，第 74 页。

的谅解备忘录》，希望对方对本区域的地理标志产品进行双边互认，在 2011 年终于达成对各自 10 个产品进行互认，目前双方正在进行第二批地理标志保护互认谈判。得到欧盟认证的中国地理标志产品，将被翻译成欧盟 25 个成员国的官方语言名称，在欧盟市场上获得与欧盟地理标志产品水平相等的保护，如出现假冒或侵权，欧盟追究其侵权责任的依据是地理标志专门法，这将会最大限度地保护我国相关产品生产商和经销商的利益。这对于双边名优产品出口、提高产品知名度和附加值，树立各自国家产品品牌，扩大对外贸易都有着积极意义。2013 年，我国国家质检总局还开展了"地理标志物产保护与经贸协调发展促进行动"，并纳入中国外交部"中欧 2020 战略合作规划"，以推动中欧双方的地理标志协调保护。表 4－8 是 2011 年中欧双方首批互认的地理标志产品名单。

表 4－7　已取得我国国家质检总局地理标志产品保护认证的外国产品

国家	产品	授权年度	产品类别
法国	干邑（Cognac）	2009	葡萄酒
	香槟（Champagne）	2013	
	波尔多（Bordeaux）	2015	
英国	苏格兰威士忌（Scotch Whisky）	2010	威士忌酒
美国	纳帕河谷（Napa Valley Wines）	2012	葡萄酒
意大利	哥瑞纳－ 帕达诺（Grana－Padano）	2012	奶酪
墨西哥	特其拉（Tequila）	2014	龙舌兰酒

表 4－8　2011 年中欧双方首批互认的地理标志产品名单

谈判方	双方互认的地理标志产品名称
中国	陕西苹果、盐城龙虾、平谷大桃、镇江香醋、金乡大蒜、东山白芦笋、琯溪蜜柚、龙井茶、龙口粉丝、蠡县麻山药
欧盟	Roquefort（洛克福奶酪）、Pruneaud "Agen－Pruneauxd" Agenmi－cuits（阿让李子干）、Prosciutto di parma（帕尔玛火腿）、Grana Padano（帕加诺奶酪）、Sierra Mágina（马吉娜橄榄油）、Priego de Córdoba（科尔瓦橄榄油）、White stilton cheese/Blue stilton cheese（斯提尔顿奶酪）、Comté（孔蒂奶酪）、West Country farm cheddar（农舍奶酪）、Scottish farmed salmon（苏格兰农家三文鱼）

最后，中国质检部门还非常注重国际地理标志保护法律的协调工作，广泛开展和参与各类国际地理标志议题，积极加入多双边的合作交流与磋商，在FTA（自由贸易区）地理标志议题谈判中发挥了重要作用，并与美国、欧盟、澳大利亚、墨西哥、巴西、秘鲁等国开展地理标志业务合作交流。如2009年中国与秘鲁签订了自由贸易协定，我国将对秘鲁4种地理标志产品提供保护，秘鲁将对我国22种地理标志产品提供保护，如表4—9所示。

表4—9　中国和秘鲁互认的地理标志产品名单

国家	双方互认的地理标志产品名称
中国	绍兴酒、安溪铁观音、龙泉青瓷、宣威火腿、宁夏枸杞、涪陵榨菜、巴马香猪、景德镇瓷器、泰和乌鸡、普洱茶、镇江香醋、五常大米、西湖龙井茶、山西老陈醋、通江银耳、库尔勒香梨、宜兴紫砂、金华火腿、岷县当归、文山三七、福鼎四季柚、南京云锦
秘鲁	楚鲁卡纳斯（Chulucanas）陶瓷、库斯科（Cusco）大粒白玉米、皮斯科酒（Pisco）、伊卡帕拉（Ica）菜豆

（三）中国农业部对涉外地理标志的保护实践

中国农业部2007年颁布的《农产品地理标志管理办法》第24条规定："农业部接受国外农产品地理标志在我国的登记并给予保护，具体办法另行规定。"但是，在中国由于农业部主要负责对农产品生产领域的监管，农产品的流通领域主要由工商局和质检部门负责监管，因此很难吸引外国农产品地理标志在中国农业部进行登记保护，外国地理标志在中国的保护主要是通过申请地理标志注册商标或者通过国家工商总局的登记认证，这也是造成至今为止农业部尚没有一件外国农产品地理标志登记的尴尬局面的原因所在。

虽然没有外国农产品地理标志在中国农业部登记，但是，中国农业部也在积极参与国际地理标志的保护工作。如2011年，农业部与欧盟驻华代表团共同举办了"中国—欧盟农产品地理标志登记保护国际研修班"，主要研讨农产品的地理标志的交流与合作。此外，农业部还积极参与中瑞、中欧知识产权工作组会议，参与地理标志产品互认磋商谈判以及相关的自贸区谈判。

二、东盟诸国对他国地理标志保护的实践

新加坡虽然制定了《新加坡地理标志法》，但由于新加坡成立时间较短，本国土地面积狭小，缺少浓厚的地理人文环境，也缺乏传统工艺，这决定了该国缺乏特色农副产品，本国地理标志较少，因而很难重视本国地理标志的保护，该国至今仍没有一例地理标志注册案例。但是由于新加坡是国际航运中心，是许多国际货物贸易的中转站，所以新加坡很注意对外国地理标志的保护，《新加坡地理标志法》中专门规定了涉及地理标志的海关措施，如扣押、检查、查封、保管、处置等，规定了地理标志的侵权赔偿问题，规定了包括复合犯罪在内的严厉刑事惩罚措施。2013 年，新加坡与欧盟签订了最全面的自由贸易协定，由于欧盟国家拥有丰富的地理标志产品资源，自然对新加坡保护该地区的地理标志提出了新的要求和挑战，新加坡知识产权局表示将加大针对地理标志的海关边境措施。

《马来西亚地理标志保护法》规定了外国人在该国申请注册地理标志的要求，即在马来西亚境内有固定的营业场所或住所地的外国人均可申请，没有固定营业场所或住所地的外国人需要委托该国代理人申请。至今，马来西亚已经受理注册了 5 件外国地理标志，分别是秘鲁的"皮斯科白兰地"、英国的"苏格兰威士忌"、法国的"科涅克白兰地"和"香槟酒"、意大利"帕马森干酪"。且在 2011 年的印度农业与加工食品出口局（APEAD）诉马来西亚 Syarikat Faiza Sdn Bhd 有限责任公司一案中，马来西亚高等法院适用传统商标法的混淆理论，维护了印度"ponni rice"地理标志权利人的利益。

菲律宾是采用商标法模式保护地理标志的，该国商标法律中规定外国自然人和法人须在该国有固定住所或营业场所，或在该国有商业实体，如果在申请注册之日起前两个月在菲律宾国内商业活动中使用该商标，也可以提出申请。此外，《巴黎公约》的成员国国民可以根据该国际协定，向该国知识产权局提出商标注册申请，且不受在该国国内必须首先

商业使用的限制。该国地理标志的保护水平不高，目前尚没有外国人在菲律宾注册地理标志。

《泰国地理标志法》规定，生产产品的自然人、生产商或消费者团体都可以注册地理标志。泰国不但本国地理标志资源丰富，已经注册了大量的国内地理标志，而且泰国商务部一直致力于推动该国地理标志在中国、越南、欧盟等国家和地区注册，同时也接受外国地理标志在本国的注册，对外国地理标志进行专门保护。目前，包括秘鲁"皮斯科白兰地"（Pisco）在内共有 11 个外国地理标志在泰国注册，该国注册的外国地理标志数量位居东盟诸国之首。

印度尼西亚对外国地理标志也进行注册保护。目前在印度尼西亚注册的外国地理标志有 3 个，分别是：意大利"帕马森乳酪"、秘鲁"皮斯科白兰地"和法国"香槟酒"。2014 年 3 月，印度尼西亚法律和人权事务部部长 Amir Syamasudin 与欧盟委员会农业与农村发展事务委员 Daian Ciolos 在布鲁塞尔会谈，双方就地理标志协作条约达成一致意见，该协议的达成将对双方开放地理标志产品市场提供良好的契机。

在文莱，地理标志虽然可以注册为商标，但由于文莱本国国土面积小，农业不发达，缺乏地理标志保护的基础，目前尚没有本国和外国地理标志注册的案例。

越南在《越南知识产权法》中规定了该国接受他国地理标志的注册，越南科技部还积极与法国国际开发署（ADF）联合推出提高越南地理标志保护的项目，该项目主要借鉴欧盟特别是法国的经验和方法，以提升越南地理标志的注册登记与管理监督系统。据目前公开的资料统计，中国重庆的"长寿血豆腐"在越南注册为证明商标，泰国东北部的传统丝绸在越南注册为地理标志。

柬埔寨、缅甸、老挝三国虽然在国内法律中规定了接受国外地理标志的注册申请，但由于三国国内经济发展落后，国外地理标志权利人缺乏在上述三国注册的热情，从目前公开资料分析，上述三国尚没有一例外国地理标志注册的案例。三国目前正处于完善本国地理标志法律，对本国地理标志进行注册的摸索阶段。在近几年，三国在与国际社会合作提高本国地理标志保护方面卓有成效，如在法国国际开发署（AFD）的援助下，柬埔寨对"磅士卑棕糖"和"贡布黑胡椒"进行了地理标志注册，而且后者还在欧盟注册了地理标志；缅甸在联合国粮农组织（FAO）和意大利政府的资助下，对"塔纳卡水粉"进行了开发性保护；老挝也在联合国粮农组织（FAO）和法国国际开发署（AFD）的资助下，对"布拉万咖啡"和"考凯河内糯米"的地理标志注册开展了前期准备工作。

第五章

东盟整体在推进地理标志保护方面的问题研究

第一节　东盟整体推进地理标志保护概述

一、东盟自身推进地理标志整体保护概述

（一）《东盟知识产权合作框架协议》是东盟诸国进行地理标志整体保护的法律基础

东盟在其经济一体化的过程中，逐步认识到了知识产权保护合作的重要性。1995 年 12 月，在泰国曼谷，东盟 10 个成员国签署了《东盟知识产权合作框架协议》，该协议共有 8 条，第 1 条为协议目标，即加强东盟各国在知识产权领域的合作，促进全球和区域贸易自由化；第 2 条为合作原则，包括互利原则、履行国际条约义务原则、合作原则、尊重各成员国的知识产权立法和必要措施原则、防止知识产权滥用原则；第 3 条为合作范围，包括版权及相关领域、专利、商标、工业品外观设计、地理标志、商业秘密及集成电路布图设计等重点领域的知识产权合作；第 4 条为对合作活动的审查；第 5 条为协商解决各方分歧；第 6 条为协议的一般规定；第 7 条为活动经费；第 8 条为协议的效力、批准等最后条款。该协议是东盟在知识产权领域签订的第一个文件，对东盟知识产权法律协调、保护与合作具有里程碑的意义，反映了东盟试图在国际知识产权领域注重整体协调，努力以"一个声音"向外传递知识产权立场的决心。该框架协议将地理标志作为各方知识产权合作的重点领域进行推进，是东盟自身推进地理标志整体保护的法律基础，也是东盟各成员国地理标志合作的纲领性文件。

（二）多个《东盟知识产权合作行动计划》的实施，推进了东盟地理标志保护的协调

为了执行《东盟知识产权合作框架协议》，东盟成立了知识产权合作工作组（AWGIPC，即 The ASEAN working group on intellectual property cooperation）作为推进执行框架协议的专门负责机构，并制定了多项《东盟知识产权合作行动计划》。

《2004～2010 年东盟知识产权合作行动计划》提出创建一套协调、简化的知识产权注册登记和保护体系框架，但是地理标志的合作并不是第一阶段行动计划的重点领域，其合作的重点领域是商标和专利合作，因此在地理标志方面的合作并没有取得显著进步。

《2011～2015 年东盟知识产权合作行动计划》是为了实现东盟经济体提出的目标，即通过鼓励东盟成员国国民广泛运用知识产权，推进东盟转型为一个充满创造力与竞争力的区域，同时确保东盟在国际知识产权体系中能够发挥积极作用。在该行动计划中 AWGIPC 提出了五大战略目标，其中第一个战略目标为"提高知识产权保护和管理效率，充分保护来源于东盟区域内外的知识产权"。为了实现该战略目标，AWGIPC 制定了 13 项计划措施。其中第 11 项计划是关于地理标志保护方面的措施，预期活动成果为：（1）对东盟各成员国的地理标志保护体系进行整理汇编；（2）在 2012 年之前就东盟各成员国在 WTO 框架下对地理标志保护的基本立场进行分析与评估，并确定各国在地理标志申请注册登记方面所采取的相同之处或在 WTO 框架下所采取的共同立场；（3）在东盟各成员国境内共享相关信息和最佳实践，如何提高本地产品价值，在现行法律体系下如何给本地产品予以保护（即采取地理标志专门保护体系还是商标法体系下进行保护）。该项计划由泰国和越南组织实施，通过该项行动计划的开展，东盟整体地理标志保护水平得到了提升，诸多东盟国家如越南、柬埔寨、泰国等地理标志在欧盟、中国等国进行注册登记，很多东盟国家也给予他国地理标志登记和保护，召开了多次东盟地理标志协调会议，逐步在许多国际知识产权会议或论坛上统一立场。

目前 AWGIPC 正在制定《2016～2025 年东盟知识产权合作行动计划》，据公开资料，该行动计划确定了四大战略目标：（1）通过东盟各成员国知识产权局的努力，建立强大的知识产权系统和基础设施；（2）促进东盟经济共同体的形成；（3）提升创新性资产、传统知识和地理标志的价值；（4）拓展包容性的知识产权生态圈。目前该行动计划的具体项目实施方案仍在制定过程之中，可以预计在东盟下个十年知识产权合作行动计划中，地理标志的合作将是其中的重点和亮点之一。

二、国际社会协助东盟整体推进地理标志保护概述

国际社会也通过不同形式促进东盟地理标志的保护，如中国和东盟签署了《中国—东盟知识产权领域合作谅解备忘录》，并每年制定该年度的知识产权合作工作计划；联合国贸发会（UNCTAD）也在积极参与东盟地理标志的保护工作，如 2014 年 12 月，在柬埔寨金边举办了"让地理标志服务于选定的亚洲国家农村社区：确定地理标志产品和制定地理标志登记的要求"的探讨会，介绍发展中国家和最不发达国家运用地理标志促进当地发展的成功经验。2012 年日本与东盟签署了《日本—东盟工业产权合作备忘录》，美国也通过 TPP（跨太平洋经济伙伴关系协定）谈判与东盟诸国开展包括地理标志在内的知识产权合作。

在所有国际社会与东盟就地理标志合作过程中，欧盟在推进东盟整体地理标志保护方面作出了巨大的贡献，成果也最显著。自 1993 年至今欧盟提供资金和经验，已连续举办了三期"欧盟—东盟知识产权合作项目"（ECAP），在每一期的项目中都有关于地理标志方面的合作。如在第二期项目（2000 年—2007 年）中，在欧盟的协助下，柬埔寨和越南加入了 WTO；新加坡和越南加入了《马德里协定》；泰国制定了地理标志法及其具体实施细则，并对大米、丝绸等本国特有的产品提供特别保护，在泰国举办了多场与地理标志主题相关的培训班和讲座，其中在曼谷举办的"欧盟与东盟关于地理标志保护与推广的展览和研讨会"具有里程碑意义；该阶段泰国还颁发了首批 12 个地理标志注册证书，其中包括 1 个欧盟在泰国的注册证书。此外，本国地理标志公报还被泰国知识产权局翻译成英文并在其政府网站上予以公布。

此后，在第三期 ECAP 项目中，如何发展地理标志是该阶段的主要任务之一。2013 年 5 月，越南科技部知识产权局在河内召开"东盟在出口或富有出口潜力市场的地理标志保护"研讨会，该研讨会旨在推介欧盟的地理标志登记系统，协助东盟诸国了解自身在欧盟或东盟市场注册登记地理标志的策略，是欧盟专家与东盟各国代表交流地理标志登记经验的平台，有助于东盟诸国建立地理标志登记系统，也有助于未来东盟

建立统一的地理标志登记系统。此后，为了提高公众对地理标志的认识，提高东盟各国地理标志相关产品的价值与形象。2014 年 9 月，在越南和泰国共同倡议保护地理标志的呼吁下，越南科技部知识产权局与欧盟－东盟知识产权合作项目（ECAP 三期）在河内举行"2014 年国际地理标志产品展览会"，缅甸、柬埔寨、老挝、文莱、马来西亚等东盟国家积极参与，展示了参会各国与地理标志有关的产品，为东盟诸国企业家和政府提供了学习借鉴地理标志产品开发经验的平台。此外，在第三期ECAP 项目推动下，泰国的"岱东咖啡"和"岱象咖啡"、越南的"富国鱼露"、柬埔寨的"贡布胡椒"等成功在欧盟市场登记为地理标志，欧盟的"英格兰威士忌"、法国的"香槟""干邑"等产品也在东盟许多国家注册为地理标志，ECAP 项目的开展促进了东盟与欧盟双边国际贸易的发展。

第二节　东盟整体推进地理标志保护过程中遇到的问题分析

本节主要对"东盟知识产权合作行动计划"中有关地理标志保护制度问题，以及东盟作为整体，与欧盟、澳大利亚、新西兰、日本等区域或国家相关知识产权机构合作，对提高本地区地理标志保护的整体水平的过程和成果进行研究。

一、东盟诸国地理标志保护水平存在着显著差异

一个国家地理标志的保护水平由两个方面体现，一是该国地理标志法律制度的制定水平，具体看该国有没有完整的地理标志保护法律体系，以及该国地理标志法律的具体内容与 TRIPs 协议相比而言的先进性；二是该国地理标志保护的实际水平，包括该国有没有完整的地理标志注册登记程序，本国已经注册登记的地理标志产品占该国特色产品的比例，该国有没有针对地理标志侵权的严格执法程序或措施，有没有公平公正的针对地理标志侵权的司法程序或系统。

当前知识产权与经济的关系密不可分，东盟实现该区域整体地理标

志的法律协调，面临以下挑战。首先是区域内各国经济发展的规模、程度和效益不均衡，虽然东盟诸国之间文化和历史传统源远流长，在许多方面存在着诸多相似之处，各国希望建成自由贸易区的意愿都很强烈，但是国家之间的合作和法律的协调只有在平等互利的基础上才能顺利进行，而各国之间经济发展水平的参差不齐必然会阻碍区域经济一体化和法律协调的推进。东盟自由贸易区中各国之间的经济发展水平差距较大，据 2014 年经济统计资料分析，该年印度尼西亚 GDP 总量为 11880 亿美元，而老挝 GDP 总量只有 112 亿美元；该年新加坡人均 GDP 为 52849.36 美元，缅甸人均 GDP 仅为 1189.59 美元，最高差距约为 44 倍。而同年欧盟自由贸易区人均 GDP 最高为卢森堡的 111716 美元，最低为保加利亚的 7752 美元，最高差距约为 14 倍。过分悬殊的经济差距对东盟区域内地理标志的协调带来了很大的阻力。其次，地理标志对各国经济发展的重要性制约了区域内地理标志制度协调的可能性。如文莱 2014 年人均 GDP 为 41719.51 美元，但该国发达的经济水平主要依赖该国丰富的石油天然气资源，对农业资源依赖度较小，本身没有保护和发展地理标志的意愿；越南虽然 2014 年人均 GDP 只有 1783.41 美元，但是该国正处于经济起飞阶段，且越南拥有丰富的特色农业资源，对地理标志保护的意愿非常强烈，所以该国的地理标志法律制度比较完善，对地理标志的保护和推广力度都较大。

根据上一章对东盟诸国地理标志保护水平的分析，大概可以将东盟诸国地理标志保护分为三个层次。第一层次为新加坡、马来西亚、泰国、印度尼西亚。这四个国家基本都建立了完整的地理标志保护法律体系，本国对地理标志保护的执法、司法水平较高，且后三个国家注册的地理标志数量占本国特色农副产品的比例较高。第二层次为菲律宾和越南、这两个国家的经济发展水平在东盟诸国中属于中等偏下水平，菲律宾没有制定专门的地理标志保护法律制度，本国注册的地理标志商标数量较少；越南虽然制定了专门的地理标志保护法律制度，但是与其本国丰富的地理标志产品资源相比，目前获得注册的地理标志数量所在比例很小，两个国家地理标志产业的潜力都有待挖掘。第三层次为文莱、柬埔寨、老挝和缅甸。文莱由于本国经济发展不依赖地理标志，所以该国不注重

地理标志的保护和发展；而柬埔寨、老挝和缅甸三国 2014 年人均 GDP
均在 1700 美元以下，属于最不发达国家之列，受落后经济发展的制约，
知识产权保护的意识非常薄弱，对地理标志保护的水平自然很低。

二、东盟诸国地理标志保护模式存在差异

如前面章节所述，东盟诸国地理标志采用了商标法、专门法、商标
法与专门法相结合的不同保护模式，东盟整体地理标志保护制度的协调
因保护模式的差异而面临困难。

菲律宾、文莱和缅甸三国采用了商标法的保护模式，在该模式下，
地理标志有两种不同的法律属性，一是作为识别地理来源的标志，二是
作为指示产品特有的品质、声誉或其他特征标志。❶ 在商标法中有关
"显著性"的判断中，地理标志属于"地理描述性术语"，为了发挥商标
的"区别性"功能，被区分为两种情况而受到禁止，一是"真实"的地
理术语，由于它向消费者传递产品产地的来源信息而不是生产者信息，
因此要防止其"私有化"，由此被一般性地禁止作为商标注册，但是作为
集体商标或证明商标注册是这种禁止的例外；二是那些"虚假"的地理
标志，由于它向消费者传递了错误或混淆的产地来源信息，对消费者产
生误导，因此也被一般性地予以禁止。因此，如果想通过商标法对地理
标志进行保护，就自然需要规定地理标志作为商标的禁止性例外，而在
实践中不免出现许多由地理标志构成的商标作为普通商标进行了注册，
给地理标志真正"所有人"注册商标带来了法律上的障碍，且很多国家
对于通用名称的商标是不予注册的，而地理标志是最容易成为通用名称
的。另外，商标权的取得既有注册取得，也有通过使用而取得，商标法
保护模式下自然会出现"注册取得的商标权"与"在先使用取得的商标
权"的权利冲突，如何处理该项冲突又是各国面临的难题之一。因此，
东盟上述采用商标法模式保护地理标志的三国要想建立一个统一的"地
理标志商标注册簿"也存在一定的障碍。

---

❶ 董炳和："地理标志保护的模式之争——美欧地理标志案及其对我国的启示"，载《法治与
和谐社会建设》，社会科学文献出版社 2008 年版，第 545 页。

新加坡、马来西亚、泰国和越南四国采用了专门法保护模式，在专门法保护模式下，地理标志不仅仅标示产品的地理来源，更重要地标示了该产品的品质、声誉或其他特征与产地来源之间的内在联系。因此，该模式下地理标志保护制度的核心即为对地理标志产品质量的监督和管理，对产品质量的监督和管理都是由特定资质的机构来实施，如想在东盟区域内地理标志保护水平达到统一的标准，就需要东盟各国建立起相同或等同的质量监督与控制体系，而在当前情况下达到该项要求是有困难的。另外，虽然以上东盟四国都规定了符合条件的第三国地理标志都可以在本国注册登记，但是，第三国地理标志（尤其是那些不采用专门立法模式的国家的地理标志）能否达到该国设定的质量标准及相关控制措施所要求的水平，就不是第三国地理标志根据"国民待遇原则"所能解决的问题了。

印度尼西亚、柬埔寨和老挝三国采用了商标法与专门法相结合的保护模式。商标法模式与专门法模式的权利性质、管理机构、保护期限、注册登记程序等均不相同，在某一个国家内两种模式的协调都面临很多障碍，更遑论在东盟整个区域的协调问题。

综上所述，即使区域内不同国家采取统一的地理标志保护模式，要想推动整个区域的地理标志制度一体化都存在着一定的困难，而当前东盟诸国却存在着三种模式的地理标志保护制度，因此，想在短期内达到东盟地理标志一体化建设的目标是很难实现的。

三、在国际贸易过程中，东盟诸国存在不同的地理标志保护利益诉求

最初 TRIPs 协议的诞生更多表达了主导协议走向国家的利益和诉求，其中欧盟和美国是该协议最大的受惠国，该观点可以从葡萄酒和烈性酒与普通商品地理标志的区别以及许多照顾美国等新兴世界力量的地理标志保护例外中得到印证。TRIPs 协议刚诞生时，由于众多发展中国家对该协议运行规则的无知，更主要的是不具有参与知识产权全球框架话语权优势，导致了他们对该协议所构筑的地理标志保护制度及其所内蕴的利益倾向表现出一种集体性的无意识，并进而采取了前反思性接受

的取向，陷入了发达国家为自己树立的知识产权保护既有范式之中，❶
这也是当初许多东盟国家选择不体现地理标志强势利益的商标架构来保
护本国地理标志的原因所在。

　　但是，随着众多发展中国家陆续加入 TRIPs 协议，广大发展中国家
对 TRIPs 协议所确定的规则进行深入地讨论和反思，并试图在某些重要
的方面体现本国利益。这从东盟诸多国家开始根据本国国情构筑地理标
志专门保护模式的探索和实践可见一斑，这也反映了发展中国家在知识
产权问题上的理性觉醒，有利于从根本上改变以前仅有发达国家决定全
球知识产权规则生成的格局。但是耐人寻味的是，东盟诸国在保护自身
地理标志利益变革的进程中很难做到"铁板一块"，甚至从一个整体开始
分化，他们基于自己的利益判断，或者加入了与自身利益更加密切的、
以美国为首的新世界国家行列（主要是中美及南美国家）之中，不支持
地理标志的扩大保护；或者采取与欧盟等旧世界国家（主要是中东欧及
亚洲的印度、巴基斯坦等国）的立场，积极开展地理标志的强势保护。
当前东盟诸国对地理标志国际保护存在分歧就很好地印证了上述观点，
如泰国主张对地理标志实施强保护，主张将烈性酒和葡萄酒的例外保护
推及其他产品上，主张葡萄酒（烈性酒）的多边通知和注册簿应当具有
法律效力；而文莱、菲律宾等国则反对地理标志的强保护，主张葡萄酒
（烈性酒）的多边通知和注册簿没有法律效力，只具有信息交换的作用，
可供其他成员国在决定是否保护时起参考作用。因为有学者认为，如果
本国没有葡萄酒和烈性酒产业的比较优势，而且本国也不可能大量进口
这些产品，就没有必要为烈性酒和葡萄酒提供更高层次的保护，这种观
点也影响到了马来西亚等国。印度尼西亚、越南、柬埔寨、老挝等国则
没有明确自己在此问题上的立场。❷ 此外，在全球地理标志法律规则的
制定和协调过程中，欧盟与美国各有其利益诉求，并在某种程度上形成
了两大利益集团。在两大利益集团的冲突和争夺中，东盟各国均是其重

---

❶ 黄汇："我国地理标志保护模式质评——兼论发展中国家知识产权立法的应然思维"，载
《学术论坛》2008 年第 1 期，第 128 页。

❷ 贾引狮、吕亚芳："21 世纪'海上丝绸之路'背景下中国—东盟地理标志法律协调问题研
究"，载《南宁职业技术学院学报》2016 年第 1 期，第 38 页。

点争取的对象，为此欧盟与东盟开展了三期知识产权合作项目
（ECAP）；美国也利用 TPP 协议❶对文莱、新加坡、马来西亚、越南等
东盟国家的地理标志政策施加影响。可以预计，在本国利益的驱动和外
来利益集团的影响下，东盟各国在地理标志保护方面具有不同的利益诉
求点，这也给东盟地理标志整体制度的推进造成了不小的障碍。

---

❶　在 TPP 协议中，美方拟定的协议草案内容突破了 TRIPs 协议和许多东盟国家有关地理标志
的规定。参见贾引狮："美国与东盟部分国家就 TPP 知识产权问题的博弈研究——以 TPP 谈判进程
中美国的知识产权草案为视角"，载《法学杂志》2013 年第 3 期，第 87 页。

第六章

中国—东盟地理标志法律制度协调研究

第一节　中国—东盟地理标志法律协调的必要性

一、中国—东盟之间存在着抢注地理标志的风险，进而给各自国家的地理标志在他国的保护带来障碍

中国与东盟国内厂商要想在他国开拓地理标志产品市场，其前提是地理标志要在国内获得知识产权的保护。因为按照 TRIPs 协议的规定，在来源国不受保护的地理标志，该协议的其他成员方没有保护的义务，泰国、印度尼西亚、越南等东盟国家的法律对外国地理标志的保护也是同样的规定。那么就会出现如下问题：如果某个地理标志尚未在来源国获得保护，但该标志却在其他国家被注册为商标，获得注册商标专用权；或者通过长期使用，使该标志获得了声誉，并进而获得了商标权；则以后如果某种产品或服务真实来自于来源国的特定区域，但是，如果进入他国市场使用该地理标志，则将面临侵犯他人商标权的问题。

在该问题上，过去中国与东盟诸国曾有过太多的教训。如韩国一家茶商在该国抢先注册了中国 50 多个知名的茶叶地理标志，包括普洱茶、西湖狮峰、古劳茶、蒙顶茶、都匀毛尖、武夷岩茶、信阳毛尖、祁红、六安瓜片、婺源名梅、涌溪火青、沩山毛尖、安化松针、六堡茶等。在被韩国茶商抢注的茶叶地理标志中，目前已有部分地理标志在中国商标局注册了证明商标，例如"武夷大红袍""洞庭山碧螺春""普洱""信阳毛尖""六堡茶""六安瓜片""武夷岩茶"等，但仍有部分则尚未在中国提出注册申请，这都为中国茶叶打入韩国市场带了诸多知识产权方面的障碍。再如越南"邦美蜀咖啡"（Buon Ma Thuot）以前未能及时申请地理标志保护，该地理标志名称被中国广州一家公司使用。该公司认识到邦美蜀地区产的咖啡在全世界具有较高声誉，遂从越南邦美蜀地区进口咖啡原料，经过加工处理后以"邦美蜀咖啡"的名字对外销售，越南为此付出了不小的代价，经过很多努力才维权成功。

二、推进中国—东盟自由贸易区的建设，需要对地理标志进行协调

中国和东盟地缘相近，目前双方已经建成了世界上最大的发展中国家自由贸易区。据统计，2014年双边贸易额超过了4800亿美元，中国对东盟贸易额约占中国对外贸易额的12％，东盟是中国的第三大贸易伙伴，中国是东盟的第一大贸易伙伴。中国与东盟中的泰国、马来西亚、印度尼西亚、越南、菲律宾等国都是地理标志资源非常丰富的国家，通过自由贸易区的经济交流发展地理标志产业，符合中国与东盟诸国经济发展的实际情况，有利于促进双方的经济贸易平衡。中国与东盟地理标志的保护合作，有利于分享彼此的特色历史文化，活跃双方的经济交往，协调双方在国际地理标志议题上的立场。

但是，在双边开展特色农副产品、手工艺品等经济贸易过程中，出现了假冒侵犯对方地理标志的情形，这对双方开展地理标志的合作极为不利。如石家庄碧玉果品进出口有限公司主要面向越南开展梨果生意，产品主要为"赵县雪花梨"。2008年，一些外地的雪花梨以"赵县雪花梨"的名义在越南进行销售，由于越南经销商无从辨别雪花梨产地，对市场上梨产品品质下降颇有怨言，严重影响了赵县雪花梨的口碑，该公司在越南的梨果出口一度面临困难。❶ 后来，该企业向赵县梨果产业协会和工商局递交了使用"赵县雪花梨"地理标志证明商标的申请，才使企业出口形势逐步好转。再如泰国香米以其独特的露兜树香味和香糯口感享誉世界，该产品在泰国属于地理标志产品，符合规定的标准才能使用"泰国香米"或"茉莉米"的称号，如整米粒的平均长度不小于7毫米、平均宽度不小于3毫米，潮湿度不能超过14％。泰国香米在我国市场上销路很好，但在我国分装流通的泰国香米却长期处于无序状态，甚至有媒体爆料有90％以上是假冒伪劣产品，具体造假手段如将国产长粒米冒充，或者直接在白米上喷洒食用香精。虽然中泰两国均为WTO成员方，都有义务按照TRIPs协议保护他国地理标志，但该协议并没有规

---

❶ 商雅静："梨果企业瞄准'赵县雪花梨'地理标志证明商标"，载《河北青年报》2010-4-21。

定成员国应采取何种救援措施和保护机制，中泰两国也没有建立起地理标志双边合作机制和平台，致使中国消费者无法分辨出泰国香米的真伪，国内也很少有检验机构对该产品进行鉴定，这不仅损害我国消费者的利益，也对泰国香米出口商的利益造成损害，长此以往还会减损泰国香米的声誉。综上所述，随着中国—东盟自由贸易区建设的深入推进，地理标志的协调问题亟待解决。

第二节　中国—东盟地理标志法律制度协调应遵循的原则

一、各方遵守条约的原则

WIPO 体系下的《巴黎公约》和《马德里协议》、WTO 体制下的 TRIPs 协议等为中国—东盟地理标志保护合作提供了法律基础。目前中国与东盟诸国都相继加入了 WIPO 和 WTO 组织，也相继签署了 TRIPs 协议、《巴黎公约》和《马德里协议》等国际条约，作为成员国都有保护地理标志这一知识产权类型的义务。另外，中国和东盟各国还签署了《中国—东盟全面经济合作框架协议》，确定了可享受优惠关税减让的产品，而中国与东盟诸国的地理标志产品应逐步全部纳入优惠关税减让的产品目录中，且应当享受到相应的知识产权保护。最后，《中国—东盟知识产权领域合作谅解备忘录》（以下简称备忘录）的进一步达成，则是双方开展地理标志保护合作的法律基础，以下是对该备忘录中规定的具体原则的阐述。

备忘录第 1 条规定：各国重申，切实履行各自已经加入的国际条约的义务，并尊重各国现行的国内法律与规章的规定。该条指出了中国与东盟诸国在知识产权领域进行协调的法律原则与基础，即各成员国在知识产权领域进行保护与合作，首先不能违背各自已经加入的知识产权保护国际公约，实际上这些国际公约也是各成员国进行合作的基础；同时应尊重其他成员国现行的知识产权法律体系，不能盲目地要求各国采取"超越其国民能够享受"的法律或措施，亦即不能要求成员国提供"超国民待遇"的知识产权保护措施，只有在尊重各国现实的基础上，才能进行知识产权的保护与合作。

由于中国与东盟诸国各自对地理标志保护的水平参差不齐，加入地理标志保护国际公约的情形也有所区别。因此，在中国—东盟具体地理标志法律制度协调过程中，双方应当尊重对方国家的知识产权国内法律规定，并尊重对方国家加入相关国际地理标志保护公约的现状和愿望，同时各方还要切实履行各自加入的相关国际公约义务，在此基础上加强双方的交流与合作。

二、国民待遇原则

在有关地理标志保护的国际公约中，不论是《巴黎公约》《里斯本协定》还是 TRIPs 协议，均规定了国民待遇的原则，如《巴黎公约》第 2 条中的表述。❶ 由于各国主权的地域性限制必然会带来知识产权的地域性限制，知识产权保护国际协调的重要原则——国民待遇原则，可用于消除地域限制对国际贸易秩序的妨碍，❷ 并有利于建立双边或国际一体化知识产权保护制度。与一般民事制度不同，国际知识产权法的国民待遇原则一般是有条件的，外国人要想享有与本国人同等的知识产权保护待遇，一般要符合居住地标准或实际联系标准，而在享有的具体权利内容上则不加限制。在中国与东盟诸国的地理标志保护立法中，各国基本上都遵循了国民待遇原则。如我国《商标法》对外国人或外国企业在我国注册商标进行了规定，只是要求其必须委托依法设立的商标代理机构，对其获得的商标权内容没有限制。❸ 再如《马来西亚地理标志法》第 11 条规定，外国人可以申请地理标志注册；但是经常居住地或主要营业地

---

❶ 《巴黎公约》第 2 条规定，本联盟国家的国民在保护工业产权方面，在本联盟所有其他国家内应该享有各该国法律现在授予或今后授予其国民的各种利益，但不得损害本公约特别规定的各项权利。

❷ 吴汉东："知识产权国际保护制度的基本原则"，载吴汉东主编《知识产权国际保护制度研究》，知识产权出版社 2007 年版，第 30 页。

❸ 我国《商标法》第 17 条规定，外国人或者外国企业在中国申请商标注册的，应当按其所属国和中华人民共和国签订的协议或者共同参加的国际条约办理，或者按对等原则办理。第 18 条规定，外国人或者外国企业在中国申请商标注册和办理其他商标事宜的，应当委托依法设立的商标代理机构办理。

点在马来西亚境外的，必须委托马来西亚代理人进行申请。《泰国地理标志法》规定，外国人也可以在泰国申请外国地理标志，但应符合规定的条件，❶ 且拟申请的地理标志，已受来源国法律保护，且至在泰国注册时连续使用。

但在地理标志实际保护方面，中国与东盟各国之间充分实施国民待遇却面临着很大问题，主要原因如下。一是许多东盟国家保护本国地理标志的水平本身就很低，自然不利于他国地理标志在该国的保护。如柬埔寨、老挝、缅甸等国目前正处于完善相关地理标志法律、建立知识产权保护机构、普及及提高知识产权观念的阶段，这些国家对本国地理标志的保护水平较低，依据国民待遇原则，东盟其他国家或中国的地理标志在该国也不会超过本国地理标志的保护水平。因此，中国与东盟其他国家的地理标志在以上国家的保护难以得到有效保障。二是那些提供高水平地理标志保护的国家，都制定有严格的地理标志认证与管理规范，他国产品要想符合这些国家严格的地理标志认证和管理规则很难，也给他国享受成员国国民待遇产生了障碍。如中国的"地理标志保护产品"保护模式中，中国国家质检总局规定了严格的地理标志产品技术规范和质量控制制度，东盟有许多国家由于经济和技术等原因，本国的技术规范和质量控制制度正在建设之中，如果在实际中这些国家的产品在生产过程中不注意农药、化肥等具体用量的使用，很多产品很难满足中国国家质检总局规定的条件和要求，因而在事实上被排除在保护范围之外。由此可见，这就是为什么东盟国家很多地理标志是通过我国工商总局商标局予以商标注册保护，而不是予以原产地名称保护的原因之一。这也是目前中国只有 10 个产品、东盟只有 5 个产品在欧盟得到地理标志产品认证，更多产品被挡在欧盟地理标志产品保护大门之外的原因所在。

---

❶ 《泰国地理标志保护法》第 8 条规定，符合第 7 条规定的非泰籍申请人欲申请外国地理标志的，须具备以下条件：（1）申请人国籍所在国与泰国同为国际任何一个地理标志公约和协议的成员国；（2）在泰国，或在泰国已经加入的任何一个有关地理标志国际公约或协议的成员国有住所或营业场所。

第三节　中国—东盟地理标志法律制度
协调的具体路径

一、中国与东盟中某个国家的地理标志法律制度协调

（一）我国国家工商总局与东盟诸国相关部门的地理标志保护协调

我国国家工商总局比较重视与东盟相关国家的地理标志协调，早在2005年，该局就与泰国商务部知识产权局在深圳签署了《中泰地理标志活动专项行动计划》，对双边地理标志的协调保护列出了具体的行动计划。

2009年8月25日，中国国家工商总局与越南知识产权局签署了《中越商标及商标相关领域合作谅解备忘录》。根据该备忘录，中越双方知识产权管理部门将讨论包括地理标志在内的商标及其他知识产权相关的热点问题；双方商定将在知识产权法律、法规、规章等规范性文件等相关信息方面进行交流；双方将在商标审查、异议、管理、人员交流，管理、知识产权制度的完善、审查实践等方面交流经验；双方将在商标权保护的方法、利用行政执法体系保护商标权等问题进行交流合作；双方将开展商标能力建设活动的合作，如组织有关商标审查、商标管理以及其他相关问题的培训、研讨、座谈和学习访问等条款。此外，主要对双方地理标志互保互认试点建设、建立地理标志统一注册体系的困难与可能性、签订中国—东盟地理标志保护双边协定进行深入研究和探讨。

2009年11月，我国国家工商总局与 WIPO 在重庆举办了"亚太地区地理标志研讨会"，交流和探讨了亚太地区地理标志工作的成功经验，探讨了新形势下亚太地区地理标志保护工作遇到的新情况，泰国、印度尼西亚、越南、老挝、马来西亚等东盟国家参加了此次研讨会。这是中国政府首次以论坛形式与东盟诸国开展的地理标志合作行动，促进了各方对他方地理标志保护制度的了解。

（二）我国质检部门与东盟诸国相关部门的地理标志保护协调

2013 年 8 月，我国国家质检总局与泰国商务部在北京签署了《中泰地理标志合作备忘录》，对双方开展地理标志合作与交流进行了探讨，并纳入中泰两国副总理级的"五年战略伙伴关系"范畴；奠定了两国两个部门间地理标志合作的基础。

2014 年 6 月，在印度尼西亚召开的亚太经合组织（APEC）❶ 第 37 次知识产权专家组会议上，我国国家质检总局代表在会议上做了专题发言，并提出了"促进亚太地区地理标志保护与经贸协调发展行动计划"的倡议，倡导 APEC 成员加强地理标志保护合作，分享自然人文和保护经验、建立物产资源信息共享，扶助欠发达地区物产开发，推动 APEC 成员间地理标志物产贸易，增进发展与自然的和谐，促进地理标志保护与经贸协调发展。此外，我国国家质检总局代表还提出了建立"APEC 地理标志物产资源信息分享系统"（APEC GI－NET）具体项目建议，该项目将是"全球地理标志资源信息共享"（GI－NET）的泛太平洋区域的基础。该倡议受到泰国、印度尼西亚、越南等 APEC 成员方的广泛关注，并予以积极响应。这也是我国政府首次将"地理标志与经贸协调发展"理念引入 APEC，符合目前全球对地理标志日益关注趋势，符合地理标志成为 WTO 热点议题之一的态势，符合 APEC 经贸合作发展宗旨，符合各成员尤其是欠发达地区成员的内在发展诉求，反映了我国质检总局在地理标志保护领域的国际引导力，更体现了我国履行知识产权保护义务的国家形象，对促进中国与包括东盟相关国家在内的亚太国家之间的地理标志合作具有重要意义。

同时，我国国家质检总局还积极参与各种国际经济条约的制定。如

---

❶　亚太经济合作组织（APEC）是亚太地区最具影响的经济合作官方论坛，截至 2014 年 9 月，亚太经合组织共有 21 个正式成员和 3 个观察员。中国与东盟中的文莱、印度尼西亚、马来西亚、菲律宾、新加坡、泰国、越南等均为其中的成员方。

2016 年 3 月，我国商务部召开了区域全面经济伙伴关系协定（RCEP）❶
知识产权章节谈判内部协调会。会上，国家质检总局科技司联合有关部
门提出了在知识产权章节中设立地理标志条款的工作设想，并获得商务
部的支持，这将为中国地理标志产品对接东盟 10 国、澳大利亚、新西
兰、日本、韩国、印度等国市场需求，提供国际法律保障。

综上所述，我国国家工商总局、国家质检总局在与东盟国家相关机
构地理标志合作方面做出了诸多努力，取得了一系列的成就。未来，我
国相关部门在处理与东盟国家地理标志合作事项时要求同存异，比如双
边商标管理系统合作时，对各自法律规定相同的内容，大家共同遵照执
行；对各自法律里有不同规定的部分，双方应该协商谈判，以《巴黎公
约》、TRIPs 协议等国际条约为基础，力争将双方矛盾争议化解。如果在
该部门协商层面得不到解决时，可通过领导人会晤机制、中国—东盟自
由贸易区争端解决机制、知识产权合作论坛或备忘录形式予以解决，避
免争端升级或提交 WTO 争端解决机制处理。

二、中国与东盟整体在地理标志法律制度保护方面的协调

2009 年 12 月，时任国家知识产权局局长田力普代表我国政府与东
盟 10 国签署了《中国—东盟知识产权领域合作谅解备忘录》。该备忘录
正文有 8 条，其中第 1 条为合作的基础与原则，即各成员国承诺切实履
行已加入的国际条约义务，并尊重各国现行国内法律法规；第 2 条为合

---

❶ RCEP 是东盟国家近年来首次提出，并以东盟为主导的区域经济一体化合作，是成员国间
相互开放市场、实施区域经济一体化的组织形式。RCEP 的主要成员国计划包括与东盟已经签署自
由贸易协定的国家，即中国、日本、韩国、澳大利亚、新西兰、印度。东盟 10 国与这 6 个国家分别
签署了 5 份自由协定，其中澳大利亚和新西兰是共同与东盟签署的 1 份自贸协定。RCEP 的目标是
消除内部贸易壁垒、创造和完善自由的投资环境、扩大服务贸易，还将涉及知识产权保护、竞争政
策等多领域，自由化程度将高于目前东盟与这 6 个国家已经达成的自贸协议。RCEP 拥有占世界总
人口约一半的人口，生产总值占全球年生产总值的 1/3。RCEP 是应对经济全球化和区域经济一体
化的发展而提出的。由于推动全球自由贸易的 WTO 谈判受阻，面对经济全球化中的一些负面影响，
要想在当前世界经济中立于不败之地并有新发展，就必须加强区域经济一体化，为此，部分国家之
间实施"零"关税，相互开放市场，密切合作关系，来寻求合作发展，这是东盟提出建 RCEP 的相
关背景。

作的范围（领域）❶；第 3 条为双方认可并加强遗传资源、传统知识与民间文学方面的知识产权合作；第 4 条为双边合作将受各成员国可资利用的资源之约束；第 5 条为双边合作的实施机构，即签约各国的知识产权管理机构；第 6 条为双方承诺尽最大努力，达成备忘录所设定的目标；第 7 条为批准、生效、期限及终止；第 8 条为争端解决方式。

该备忘录作为条约的一种形式，通常用于国际法主体间处理一般具体问题达成的协议的名称，该协议作为中国—东盟自贸区内知识产权合作的具体文件，具有条约的性质和约束力。当然也有人认为备忘录只是表明各方就某一问题达成的谅解，而没有创设具体的权利义务关系，因此常被描述为"君子协定""无法律约束力的协议"（Memorandum of Understanding）等。但是，《维也纳条约法公约》（1969 年）规定，条约的效力不在于条约使用何种称谓。中国与美国等其他国家在知识产权领域的合作也大多采用备忘录的形式，且我国法院曾适用《中美知识产权谅解备忘录》审理了美国沃尔特·迪士尼公司诉北京出版社的版权纠纷案件。❷ 因此，该备忘录对中国与东盟双方而言是具有法律约束力的。

虽然该备忘录中并没有出现"地理标志"的字样，但是我们不能否认该备忘录是中国—东盟双方处理地理标志制度协调的法律基础。因为在该备忘录中也没有"专利权""商标权""著作权"等具体知识产权类型的字样，只有"知识产权"的总称，而"地理标志"属于知识产权中的一种类型。此外，我们从该备忘录第 2 条就可以看出"地理标志合作"属于"知识产权合作"的具体领域，如"地理标志"属于双方在经济和

---

❶ 《中国—东盟知识产权合作谅解备忘录》第 2 条规定，各成员国在知识产权领域的合作包括以下几点：（1）各成员国知识产权管理部门，应建立一个定期的知识产权局高层会晤机制，就各国国内知识产权的最新发展情况进行简要汇报，并就知识产权领域的重要国际问题交换意见；（2）对科技、经济和贸易、文化信息交流与合作过程中所涉及的知识产权保护问题进行协调；（3）在知识产权领域，包括知识产权审查、质量控制、审查员培训及其他方面，交流信息、交换观点，分享最佳实践经验；（4）就知识产权自动化与数据化建设方面交换观点并进行合作；（5）就知识产权组织和其他国际知识产权论坛所考虑的重要国际知识产权问题交换意见；（6）就其他各成员国共同关注的知识产权事项进行合作。

❷ 该案件详情参加宿迟、张晓霞："美国沃尔特·迪士尼公司诉北京出版社等著作权纠纷案——首例运用《中美知识产权谅解备忘录》审理的著作权纠纷"，载《中国专利与商标》1996 年第 4 期，第 77～84 页。

贸易合作过程中所涉及的知识产权领域，对地理标志的审查和产品质量控制、审查员培训、信息交流也属于知识产权领域关注的问题，双方在国际知识产权组织或论坛中对地理标志问题交换意见也属于知识产权合作的领域。

　　未来，中国与东盟诸国应以该备忘录为基础，通过国家领导人会晤机制、部长会议机制、自贸区知识产权合作论坛等形式，共同建立并完善双方全面知识产权合作机制，包括地理标志保护领域的合作机制、合作规则、运行管理与协调机制等。

三、中国与东盟在 WTO 争端解决机制下的地理标志保护协调

（一）对已有 WTO 有关地理标志争端案例的研究

　　有关地理标志在 WTO 争端解决机制下的协调，目前进行磋商的案例很少，我们可供研究的仅有 WT/DS290 和 WT/DS174 争端解决案例，对其进行研究，有助于解决中国与东盟日后就地理标志方面的争端。

　　1999 年，美国就欧盟未在其联盟内提供农产品和食品的商标和地理标志保护提出磋商请求，具体理由为欧盟条例 2081/92 未对地理标志提供国民待遇，也未对等同或类似于地理标志的已有商标提供充分保护，不符合欧盟应承担的 TRIPs 协议下的义务。2003 年美国又针对以上磋商提出附加请求，涉及了实施和执行 2081/92 的相关措施（统称"欧盟条例"），美国认为，"欧盟条例"限制了地理标志在欧盟的保护范围，限制了其他成员方的国民在欧盟获得保护的措施，该条例不符合 TRIPs 协议第 2 条、第 3 条、第 4 条、第 16 条、第 22 条、第 24 条、第 63 条、第 65 条规定的义务。

　　2003 年，澳大利亚也对欧盟的地理标志保护和登记提出了磋商请求，争议的措施包括"欧盟条例"2081/92 以及《地理标志保护和农产品和食品原产地命名及相关措施》。澳大利亚认为，"欧盟措施"未向其他 WTO 成员方无条件地赋予每一个 WTO 成员方的国民和产品的优惠、利益、特权和豁免；"欧盟措施"未能赋予其他 WTO 成员方以不低于其国民或类似产品的同等待遇；"欧盟措施"可能削弱了对商标的法律保

护；"欧盟措施"可能不符合其承担的 TRIPs 义务，即为相关利益方提供防止对地理标志误用的法律方法，同时也违背了《巴黎公约》（1967年文本）第 10 条第 2 款规定，容易形成不公平竞争的行为的滥用；"欧盟措施"可能违反了透明度义务；考虑到法律政策的风险，"欧盟措施"实施后可能超过了必要的限度而成为对贸易的限制。同时，澳大利亚声称"欧盟条例"不符合 TRIPs 协议第 2 条、第 3 条、第 4 条、第 16 条、第 20条、第 22 条、第 24 条、第 42 条、第 63 条、第 65 条规定的义务。

在上述争端解决过程中，中国、中国台湾等 9 个国家或地区保留了争端磋商中的第三方权利，参与了磋商。最终在 2005 年，DSB 的专家组做出了最终报告。第一，专家组同意了澳大利亚和美国的观点，欧盟的地理标志条例违反了 TRIPs 协议的国民待遇原则，因为（1）对来自非欧盟成员方的地理标志登记要依赖于来源国政府采用与欧盟相同的地理标志保护制度，并对欧盟地理标志提供了对等保护；（2）条例的程序要求对其他成员方的申请和拒绝，首先要由来源国政府进行审查和传达，并要求来源国政府和欧盟成员国政府一样实行产品检查制度。由此，与欧盟成员方的国民不同，外国地理标志未能保证进入欧盟。第二，专家组同意欧盟的下列观点：欧盟的地理标志条例允许其登记地理标志，即使它们与先前的商标相冲突，条例被有效地限制成为一个商标权利的"有限例外"。但专家组同意磋商请求方的观点，即 TRIPs 协议不允许地理标志和现有商标的不恰当共存。

最终，欧盟明确表示其执行 DSB 的建议意向，并在合理期限内改正。

（二）中国与东盟从国际地理标志争端解决实践中得到的启示

国际社会地理标志的争端表现形式是相关成员方的地理标志保护法未能根据 TRIPs 协议进行修改和增补，从而违反了 TRIPs 协议，不能充分保护相关成员方的地理标志，损害了相关成员方根据 TRIPs 协议应享有的权益和利益。从已有的争端表现形式看，主要表现是：为保护国内或区域内农产品和食品产业或权利人，不给予相关成员方国民待遇，或为相关成员方的地理标志权利人行使权利设置障碍，侵犯了其他成员方的地理标志权利等。从以上国际地理标志争端解决的过程和结果分析，我们可以获得关于中国与东盟未来可能出现的地理标志争端的以下启示。

第一，中国与东盟各国有关地理标志保护的法律法规都要与 TRIPs 协议一致。随着中国与东盟诸国相继加入 WTO，都有遵循 TRIPs 协议的义务。但是中国与东盟诸国地理标志保护法律制度还存在着与 TRIPs 协议不一致的地方，需要各国在国内知识产权法律制定过程中予以修改，以保持与 TRIPs 协议的一致。否则，不论哪方被投诉到 WTO 争端解决机制后都会处于被动地位。从以往争端处理实践看，几乎所有涉案国家都被限期修改其国内的知识产权法律法规。如果不修改其国内立法，就可能要采取其他补偿措施，否则可能招致 DSB 授权的报复，报复既可在同部门进行，还可以采取交叉报复，其结果是难以预测的。

第二，我们应对争端解决机制在国际地理标志保护方面的作用进行正确认识。从法国等国家通过争端解决机制加强对本国地理标志保护的实践看，我们应对 WTO 的争端解决机制保护地理标志的作用进行再认识，其不仅为地理标志的争端提供解决办法，还在一定程度上弥补了国内地理标志保护立法的不足。尤其是当前以美国为首的发达国家准备另起炉灶，制定更多的地区性国际贸易协定或条约，逐步进入"后 TRIPs 时代"的背景下，我们更应该对争端机制进行更深入的认识，中国与东盟双方都应该积极参与到相关国际地理标志公约的制定过程中。

第三，要加强对 WIPO 体系下的地理标志保护条约、公约和协定的研究。WIPO 体系与 TRIPs 体系是两个既不同又相容的知识产权保护体系。虽然 WIPO 体系中有关地理标志的主要公约已经被 TRIPs 协议吸收，但仍有许多公约、条约未被吸收，如《里斯本协定》中的地理标志保护条款。所以，那些未被吸收的地理标志条约、公约或协定发生的纠纷或未执行上述公约、条约而使得地理标志被侵犯的争端应该如何解决，仍存在很多不确定的因素，能否援引 TRIPs 协议下的争端解决机制，还是谈判抑或提交国际法院，尚缺少实践参考。目前我国的学者对 TRIPs 协议的研究比较深入，但对 WIPO 下的单行国际条约研究不够重视。因此，我们要加强对 WIPO 体系下的地理标志保护公约、条约、协定的研究，这是非常有必要的。

第四，积极寻求非诉讼的争端解决机制来解决双方未来争议。ADR（Alternative Dispute Resolution），即选择性或替代性争端解决方式，该方式发端于美国，是非诉讼争端解决方式或诉讼外争端解决方式的统称。作为一种解决国际民商事争议的方法，ADR 现在已成为国际民商事争议解决的趋势之一，具体包括仲裁、调解、早期审理评议、仲裁—调解、调解—仲裁等。未来中国与东盟之间产生地理标志法律争端时，虽然可以启动 WTO 的争端解决机制，但是 WTO 的争端解决机制存在着诸多缺点，如程序复杂、解决时间较长、其他国家作为第三方加入磋商容易进一步加大国际影响、一旦裁决使用交叉报复对败诉方经济影响较大等。此时可以选择适用 ADR 方式予以解决，而且相比于 WTO 的争端解决机制而言，ADR 有其他比较优势，如专业性、低成本、保密性、灵活性、关系维护与结果的恰当性，❶ 适用 ADR 在保持中国东盟友好关系的前提下，能够解决双方的地理标志保护分歧，且可以将争端影响控制在小范围之内，不失为 WTO 争端解决机制的替代方式。

四、今后中国—东盟地理标志保护合作的主要内容

（一）建立中国与东盟地理标志产品的展示平台

为了促进中国与东盟之间的特色产品的交流，促进中国—东盟自由贸易区特色经济的发展，打造区域内知名地理标志品牌，有必要建立中国与东盟地理标志产品的展示平台。据公开资料，东盟中只有越南和泰国在河内联合举办了 2014 年国际地理标志产品博览会，来自东盟诸国的 70 多个厂商参展；2012 年，中国政府在上海举办了第一届中国国际地理标志产品博览会，160 余种中国地理标志产品参展。但截至目前，中国与东盟尚未举办过专门的双边地理标志产品博览会，今后一定要以多种形式开展此类活动。如中国—东盟博览会已经在南宁成功举办了 13 届，已经成为中国—东盟自由贸易区内最大的商品展示平台，未来可以考虑设立"中国—东盟地理标志产品专门展区"，组织中国—东盟自由贸易区

---

❶　倪静：《知识产权纠纷诉讼外解决机制研究》，厦门大学 2008 年博士毕业论文，第 4 页。

内的众多地理标志产品生产企业、协会参展，同时在展览过程中还可以宣传展示中国与东盟各国保护地理标志的总体情况，东盟与欧盟相关国家的双边互认地理标志产品。此外，还可以鼓励自贸区内地理标志产品生产商积极参加其他农产品博览会，如中国—东盟（百色）现代农业展示交易会，东盟自贸区（越南）农业及畜牧业贸易展览会等。此外，还应该建立中国—东盟地理标志产品展示与贸易的专门网站，形成"永不落幕的地理标志网络博览会"，鼓励自贸区各国在该网站上推介本国地理标志产品，展示本国地理标志保护成果，提供地理标志产品贸易信息等。

（二）举办中国—东盟地理标志保护与协调的专题研讨会

在当前中国—东盟地理标志保护协调过程中，不但存在着保护模式、监督管理体系、适用法律法规等制度性障碍，还存在着地理标志产品标准体系、技术规范、认证机构确认、检测技术的认可等一系列技术性障碍，导致中国与东盟地理标志保护的协调现状难以适应当前中国—东盟自由贸易区经济形势发展的需要。因此，中国与东盟各成员国需要在《中国—东盟知识产权领域合作谅解备忘录》的基础上，定期举办双边地理标志保护与协调专题研讨会，加强国家层面的地理标志保护的交流。就自贸区政府在保护地理标志过程中遇到的具体问题进行深入探讨，并在论坛中促进各国相关部门解决地理标志跨国保护中的具体业务问题，通过研讨会制定区域内地理标志合作的具体计划，交流各国地理标志保护的成功经验，协调双方在国际地理标志条约制定中的立场等。以往在与东盟相关的地理标志的研讨会上，我国主要是某个部门参加，参加主体的代表性不足。如 2009 年 11 月，我国国家工商总局与 WIPO 在重庆举办了"亚太地区地理标志研讨会"；2014 年 6 月，国家质检总局参加了在印度尼西亚召开的亚太经合组织（APEC）第 37 次知识产权专家组会议，并提出了"促进亚太地区地理标志保护与经贸协调发展行动计划"。今后涉及东盟乃至国际地理标志专题研讨会时，国家工商总局、国家质检总局、农业部应共同参加，且在参会前最好能够统一立场，这样才能够更好地维护我国地理标志的国家利益。

（三）加强双方地理标志产品保护的技术交流与合作

东盟许多国家都制定了专门的地理标志法，我国也有"地理标志产品"的保护模式，这种专门法保护模式的核心就是地理标志产品有特定的原产地，其生产过程要遵循严格的技术规范，只有如此才能保证地理标志产品具有特定的质量、信誉或其他特征。也正因为各国对产品质量的检验标准、检验与认证机构的资质、产品质量技术规范等存在着差异，一国产品要想获得其他国家的地理标志产品认证存在着很大困难，这也是当前我国与东盟都没有在对方获得地理标志产品认证的原因所在。我国质检系统对欧盟和秘鲁等国的地理标志产品保护主要通过谅解备忘录等形式给予认证保护，主要根据国外检测机构的报告进行审查，很难做到实地审查，虽然有缺陷但毕竟对保护对方的地理标志产品有重大的意义。未来中国与东盟诸国之间的地理标志产品保护认证完全可以采取此种方式。

缺乏地理标志产品的双边认证，给当前中国与东盟开拓对方地理标志产品市场带来了很大的障碍。如"泰国香米"是泰国的地理标志产品，中国是泰国香米的重要进口国，每年进口量约为 14 万吨，中国进口的泰国香米包装上都印有泰国向 64 个国家认证的标识，但事实上在中国市场上却存在着大量的假冒泰国香米，不法商贩经常用泰国白米、越南米、中国江西"923"大米、"外引 7 号"大米等进行冒充，假冒泰国香米的利润接近翻倍。因此，泰国米商非常希望中国建立泰国香米的质量检验标准，以遏止越来越猖獗的假冒行为。2011 年，厦门检验检疫局联合中国检验检疫科学研究院制定了泰国香米纯度检验标准，这是国际上首个公开发布的泰国香米纯度检验标准，该标准主要涉及泰国香米纯度检测和品种鉴定，并随机扩增感官检验法、多态性 DNA 技术检测法、水煮检验法 3 种方法。这对于未来认证他国地理标志产品的标准有着重要的参考价值。

此外，针对东盟内部不同国家的地理标志保护水平不均衡的现状，应加强地理标志保护技术交流与援助机制的建设。如中国、新加坡、越南等已经建立起完善的地理标志保护体系的国家，应当对文莱、缅甸、老挝等地理标志保护水平较低的国家进行技术指导和援助。在此方面，欧盟和欧洲一些国家对东盟地理标志的技术援助令人称道，如欧盟与东盟知识产权的合作（ECAP）项目，目前已经实施了三期，东盟国家在欧盟的帮助下，知识产权保护水平取得了巨大进步，如柬埔寨和越南加入了 WTO，新加坡和越南加入了《马德里协定》，泰国制定了地理标志法和实施细则等，东盟多个地理标志产品获得了欧盟认证。再如法国国际开发署（AFD）帮助越南和柬埔寨开发地理标志保护项目，促使柬埔寨对"磅士卑棕糖"和"贡布黑胡椒"进行了地理标志注册，而且后者还在欧盟注册了地理标志；缅甸在联合国粮农组织（FAO）和意大利政府的资助下，对"塔纳卡水粉"进行了开发性保护；老挝也在联合国粮农组织（FAO）和法国国际开发署（AFD）的资助下，对"布拉万咖啡"和"考凯河内糯米"的地理标志注册开展了前期准备工作。中国相关部门应当借鉴欧盟和法国、意大利对东盟地理标志技术交流和援助的经验，争取使更多的东盟地理标志产品获得中国认证，也使更多的中国地理标志产品获得东盟相关国家的认证。

（四）双方可以运用现代信息技术，建立地理标志产品溯源保真平台

食品安全问题是当下社会的热点话题之一，很多消费者对农副产品不放心的原因之一就是对购买的产品来源缺乏了解，地理标志产品的生产厂商又缺乏让消费者了解生产流程的途径，这也影响了地理标志产品声誉的积累与形成。地理标志溯源系统可以运用现代先进的网络技术、二维码识别技术，实现对地理标志产品生产过程的"电子网络化"记录，为地理标志产品建立透明的"身份档案"，保存该产品从原材料到市场的整个过程信息。消费者在购买该地理标志产品时，只要用手机或其他电子设备对产品包装上的"地理标志产品标识码"进行扫描，就可以了解该产品的生产地、原料来源、产品加工和流通、政府监管认证等详细信息，使消费者真正做到"知根知源，安安全全"。通过地理标志产品溯源保真档案的建立和应用，达到提升地理标志产品的价值和消费者对知识产权品牌的信任度。结合当前中国—东盟自由贸易区的贸易现状和原产地保护政策的需要，中国与东盟诸国可以针对大米、茶叶、水果、水产

品等大宗地理标志产品建立溯源特征识别数据库，结合地理信息管理系统，开发从原产地种植（养殖）、生产、加工、运输、出口、进口、销售、政府监管认证等地理标志产品溯源平台。❶

（五）加强双边海关、质检部门的通关合作，促进双方地理标志产品的流通

当前中国与东盟诸国中很多地理标志产品为农副产品，一般在出口过程中经过三次检验检疫，首先，在原产地进行检测，检测合格后才能使用地理标志专用标识；其次，在抵达通关口岸后再进行检测，检测合格后予以通过放行；最后，出关后对方国家海关和/或质检部门进行检测，检测合格后予以进口。多次重复检测往往需要出口商排队等候，有时需要几天，不但费用高，而且浪费了大量的运输通关时间，使得很多农副地理标志产品面临腐烂变质的风险，如最近几年经常出现的越南西瓜、香蕉、火龙果、龙眼等水果大量滞留越南新青口岸的案例。这就需要加强双方海关、质检部门的通力合作，加强通关协作，提高通关效率，促进双方地理标志产品的流通。同时，各国还应该提升地理标志产品在本国的通关效率，当前我国有些地方质检部门已经进行了诸多探索创新，如 2014 年，河北出入境检验检疫局和广西凭祥出入境检验检疫局与赵县签订合作协议，赵县要按照要求建设"赵县雪花梨"安全标准化示范基地，果品达到国家 A 级绿色食品标准，三方建立"赵县雪花梨"直通放行企业年度确认机制，目录中的企业生产的雪花梨经过河北出入境检验检疫局的检测合格后，在广西凭祥口岸免检"直通放行"，这一创新机制节省了检验费用，提高了通关效率，也大大提高了"赵县雪花梨"对东盟的出口规模。因此，中国与东盟诸国应该加强双边海关和质检部门的合作，简化检验程序，制定统一的检验标准，促进检验结果的双边认证，提升通关效率，促进双方地理标志产品的流通。

❶　苏悦娟、孔缨红、孔祥军："TRIPs 协议下中国—东盟地理标志保护及其合作研究"，载《广西社会科学》2014 年第 4 期，第 38 页。

（六）着手建立中国—东盟地理标志保护注册体系

要想彻底消除地理标志产品国际贸易的技术壁垒，确保地理标志产品在中国—东盟自由贸易区内各成员国受到保护，降低他国保护的成本，促进贸易便利化，未来就必须建立中国—东盟地理标志保护注册体系。

当前，区域性地理标志保护体系建设最完善的是欧盟，根据欧洲理事会的《关于保护农产品和食品地理标志和原产地名称的条例》（欧洲理事会 1992 年第 2081/92 号条例），符合条件的自然人、法人、协会均可向该地理区域所在地成员国提出原产地名称或地理标志注册申请，产品说明应当与申请书同时提交，成员国在收到申请后予以审查，认为符合条例规定的，应将该申请转给欧洲委员会。欧洲委员会经过审查后，认为该地理标志/原产地名称符合条例规定的，应当在共同体官方公报上予以公告。公告后利害关系人可以提出异议申请，自公告之日起 6 个月内没有异议申请或异议最终被驳回的，该标志将在"受保护原产地名称和地理标志注册簿"（该注册簿由欧洲委员会管理）上予以注册并公告。凡是获得注册的地理标志/原产地名称，将在欧盟所有成员国内具有同等的法律效力，均受到高水平的知识产权保护。同时，该条例还规定了受理第三国原产地名称或地理标志的注册申请。

未来，中国与东盟诸国可以借鉴欧盟的地理标志注册体系，求同存异，协调立场，酝酿设立"中国—东盟地理标志注册簿"，使得在该注册簿登记的地理标志产品可以得到中国—东盟自由贸易区内所有成员国的保护和认可。建立中国—东盟地理标志保护注册体系，还应明确地理标志保护原则、保护范围、条件、内容、争端与争议解决的机制，并以该注册体系为基础，向欧盟、美国等地区和国家寻求更高水平的地理标志保护。

（七）做好生态原产地产品的保护和推广工作，提升地理标志保护水平

生态原产地产品，即在产品形成的全程中符合绿色环保、资源节约、低碳节能，并具有原产地特性和特征的生态型产品。由于地理标志保护的产品多为来源于某一特定区域的农副产品、手工艺品，要求具有浓郁

的"原产地"特征，生态原产地产品就是在原产地要素基础上，增加了生态要素的要求，是地理标志保护的升级版。在我国，生态原产地产品包括具有自主知识产权的创新性产品、生物物种起源产品、具有历史传承的老字号名特优产品、原产地标记产品、原产地名称保护产品等五种产品，其中后三种与地理标志产品存在着紧密的联系。

当前，全球贸易保护主义者主张对外国商品进口采取准入限制和禁止措施，推出了众多"非关税壁垒"，最典型的表现即设置技术性壁垒（主要表现之一即为知识产权壁垒）和绿色贸易壁垒（也称为生态壁垒、环境壁垒、绿色壁垒）。由此，很多西方国家既要求进口的产品不得侵犯本国市场主体的知识产权，即进口产品不得含有侵犯本国专利权、商标权、著作权、地理标志权、植物新品种权等；也要求进口商品不得含有破坏生物多样性、生态资源、环境和人类健康的因素。虽然地理标志与生态原产地保护标志是两种区别十分显著的保护体系，但实际上都是原产地标记的一种，两种产品保护制度的本源都来自于原产地规则。由于地理标志产品既涉及知识产权保护问题，也涉及原产地产品生态环境的要求问题，因此，我们有必要在做好某种产品地理标志保护的同时，加强对该产品生态原产地的保护工作。

图 6—1　欧盟和我国的生态原产地保护产品标志

当前，生态标志、绿色标志、环境标志正风行全球，日本、韩国、泰国均在 20 世纪 90 年代实施绿色标签制度，欧盟也于 1992 年推行了"生态标签体系"制度，目前在世界市场上具有很高的声誉，获得"生态标签认证"将会提高该产品的经济附加值，生产企业也塑造了生态环保的社会形象，赢得了消费者及社会的信赖。如图6-1所示的"欧盟生态环境标志"因外形为花卉而被称为欧盟"生命之花""生态之花"（EU Flower），图案整体为"蓝星绿叶"，中间的"E"是欧盟的简称，它解决了产品生态化认证的重复困扰，实现了生态产品在欧盟各成员国认证的目的。

我国国家质检总局在成功保护地理标志的基础上，借鉴国外的生态标签制度，相继制定了《生态原产地产品保护相关规定及委托评定机构名单（第一批）的通知》《生态原产地产品保护评定通则》《生态原产地产品保护工作导则》等文件，创建了中国生态原产地保护（PEOP）体系，图6-1右图即为我国生态原产地官方标志。2013年7月，我国质检总局首次认证了4个生态原产地产品。截至2016年4月30日，共有177种产品被授予生态原产地产品，11个产区被授予生态原产地保护示范区，其中多数产品与地理标志产品名称相同，如我国广西的"梧州六堡茶""防城港金花茶"，福建平和的"琯溪蜜柚"等。另外，河南西峡县获得了生态原产地保护示范区，主要保护"西峡香菇""西峡猕猴桃""西峡山茱萸"等地理标志产品。❶ 今后中国—东盟自由贸易区内地理标志的保护协调问题时，要注意生态原产地的建设，使地理标志产品与生态原产地产品保护相得益彰，共同提高产品的品质，既提升产品的品牌，也使产品符合生态环境的要求。

（八）在共同参加的与地理标志有关的国际条约谈判、国际争端时，双方要协调立场

随着全球化进程的加快，全球农副产品贸易量的增加，与此相关的地理标志争端与纠纷必然会随之增加。在当前的国际地理标志谈判与争端解决中，隐约可见两大集体的利益争斗，以美国为首的国家反对地理标志的扩大保护，而以欧盟为首的国家则主张给予地理标志的强保护。在本国利益的驱动和外来利益集团的裹挟之下，东盟各国在地理标志保护方面具有不同的利益诉求点，且在具体的国际条约谈判或争端进程中，

---

❶ 以上数据是根据我国国家质检总局网站 http：//www.aqsiq.gov.cn/公开资料整理获得。

东盟诸国之间已现分裂立场，如此既不利于东盟整体地理标志保护诉求的表达，也不利于自身谈判地位的确定。未来，在共同参加的与地理标志有关的国际谈判和争端解决过程中，中国与东盟诸国应该事先进行双边磋商，达成一致意见，求同存异，争取发出一个统一的声音，为中国与东盟双方争取更多更大的地理标志权益。这对未来双方地理标志的合作协调也大有裨益。

参考文献

著作类

[1] 董炳和. 地理标志的国际保护 [A] //吴汉东. 知识产权国际保护制度研究. 北京：知识产权出版社，2007.

[2] 董炳和. 地理标志保护的模式之争——美欧地理标志案及其对我国的启示 [A] //法治与和谐社会建设. 北京：社会科学文献出版社，2008.

[3] 吴汉东. 中国知识产权制度评价与立法建议 [M]. 北京：知识产权出版社，2008.

[4] 吴汉东. 知识产权国际保护制度的基本原则 [A]. 吴汉东. 知识产权国际保护制度研究. 北京：知识产权出版社，2007.

论文类

[1] 曹莉莎，李明星，丁江涛. 知识产权战略视角下我国农产品地理标志管理模式演进及其制度创新 [J]. 理论与改革，2012 (2).

[2] 何华. 越南知识产权法的新发展 [J]. 知识产权，2007 (1).

[3] 黄汇. 我国地理标志保护模式质评——兼论发展中国家知识产权立法的应然思维 [J]. 学术论坛，2008 (1).

[4] 贾引狮，吕亚芳. 21 世纪"海上丝绸之路"背景下中国—东盟地理标志法律协调问题研究 [J]. 南宁职业技术学院学报，2016 (1).

[5] 贾引狮. 美国与东盟部分国家就 TPP 知识产权问题的博弈研究——以 TPP 谈判进程中美国的知识产权草案为视角 [J]. 法学杂志，2013 (3).

[6] 刘松梅. 我国地理标志产品保护中存在的问题及对策 [J]. 中国商界（上半月），2010 (5).

[7] 宿迟，张晓霞. 美国沃尔特·迪士尼公司诉北京出版社等著作权纠纷案——首例运用《中美知识产权谅解备忘录》审理的著作权纠纷 [J]. 中国专利与商标，1996 (4).

[8] 苏悦娟，孔缨红，孔祥军. TRIPs 协议下中国—东盟地理标志保护及其合作研究 [J]. 广西社会科学，2014 (4).

［9］谢冬伟. 我国地理标志保护制度的历史与发展［J］. 工商行政管理，2003（11）.

［10］云振宇，刘文等. 我国涉外地理标志产品注册管理技术规范研究［J］. 中国标准化，2015（2）.

［11］张炳生. TRIPs 与原产地名称的法律保护［J］. 浙江学刊，2000（2）.

［12］张玉敏. 保护地理标志的意义和模式选择［J］. 法学杂志，2007（11）.

［13］倪静. 知识产权纠纷诉讼外解决机制研究［D］. 厦门：厦门大学，2008.

报纸类

［1］商雅静. 梨果企业瞄准"赵县雪花梨"地理标志证明商标［N］. 河北青年报，2010-4-21.

［2］原建军. 蓝田玉获地理标志产品保护年销售额翻 3 倍［N］. 西安日报，2007-8-22.

网络资料

French Development Agency helps to develop Geographical Indications in Vietnam. http：//vovworld. vn/en-US/News/French-Development-Agency-helps-to-develop-Geo-graphical-Indications-in-Vietnam/383798. vov.

后　记

　　相对于商标权、专利权、著作权而言，地理标志权属于一种新的知识产权类型。地理标志保护的对象多为具有特色的农副产品、手工艺品，要求产品的质量、声誉与产地之间有紧密联系，运用地理标志，能够提升产品的知名度，提高产品的规模化效益。近十几年来，随着中国－东盟自由贸易区的深入建设，双方农副产品的贸易量大幅增加，双方之间也出现了多起地理标志侵权纠纷，双方也面临着如何保护他国地理标志等问题。因此，我们必须对中国与东盟诸国的地理标志保护制度进行深入研究，分析双方的地理标志保护差异，并寻求如何协调双方的地理标志保护制度，这对于扩大双边贸易将会起到积极作用。近几年来，有关地理标志保护的问题日益受到国内外学者的关注，新的研究成果不断面世，但是，我国学者对地理标志的研究主要集中在 TRIPs 协议的规定、中国对地理标志的保护、欧盟对地理标志的保护等问题上，缺乏对东盟诸国及整体的地理标志保护的系统研究。历经两年的伏案写作和不断修改完善，这本凝聚着我们多人心血的专著终于完稿了。

　　我们对于东盟地理标志保护问题的思考和研究绝非出于偶然，自2010 年我们就对东盟知识产权问题进行了初步研究，主持并参与了与东盟知识产权有关的国家社科基金项目和教育部人文社科项目，并出版了《中国－东盟知识产权合作若干问题研究》学术专著，并在《法学杂志》《知识产权》《广西社会科学》等核心杂志发表了多篇学术论文。随着研究的深入，我们将研究兴趣逐步转移到东盟的具体知识产权法律制度上，并很幸运地获得了广西壮族自治区哲学社会科学的规划课题。从内心说，选择东盟地理标志法律保护制度这样一个"小众化"的问题，首先遇到的问题就是资料收集困难，好在有众多朋友及同事的帮助，使得我们可以顺利进行课题研究工作，并且于 2016 年 11 月顺利通过了广西壮族自治区哲学社会科学办公室的鉴定，获得"良好"等级结题，同时评审专家给出了修改意见。但是由于种种主客观条件以及著者水平所限，本书的缺漏甚至某些学术错误也在所难免，尚祈有关专家、学者和广大读者不吝赐教，欢迎大家发电子邮件至 314468710@qq.com 予以批评指正，本人将不胜感激。

在本书写作过程中，我们课题组的高兰英教授和蒋琼副教授收集了大量的资料，桂林电子科技大学法学院的候艳梅、梁静玲两位同学进行了资料收集和文字勘误等工作，科技处杨柳薏老师对该课题的顺利完成提供了诸多帮助，在此表示感谢。2017 年 5 月份，我被厦门大学录取为知识产权法博士研究生，我的导师厦门大学知识产权研究院博士生导师林秀芹教授对该专著的后续修改提出了许多宝贵的意见，特此感谢。此外，对知识产权出版社编辑牛洁颖女士为本书的出版所作出的辛勤劳动，以及给出修改意见的评审专家和在本书写作中学习和参考的众多国内外知识产权法学著述的作者等表示真诚感谢。最后，由于本课题是自筹经费课题，因此本专著的出版得到了广西壮族自治区硕士点学科建设经费的资助，特此予以说明！

贾引狮

2017 年 9 月 30 日于厦门大学海韵学生公寓